走·出·课·本·学·语·文

ZHONGGUO GUREN SHUOHUA ZHI DAO

中国古人说话之道

郭　谦　主编

编　者：李成金　何小兵　张　星　述　尧
郭均飞　袭业超　葛忠雨　谢文娟

中国教育出版传媒集团　语文出版社
·北京·

图书在版编目（CIP）数据

中国古人说话之道 / 郭谦主编. -- 北京 : 语文出版社，2024.1
ISBN 978-7-5187-1842-9

Ⅰ. ①中… Ⅱ. ①郭… Ⅲ. ①口才学－中国－古代 Ⅳ. ①H019

中国国家版本馆CIP数据核字(2024)第002757号

责任编辑 梁 蕊
装帧设计 刘姗姗
出　　版 语文出版社
地　　址 北京市东城区朝阳门内南小街51号 100010
电子信箱 ywcbsywp@163.com
排　　版 北京大有艺彩图文设计有限公司
印刷装订 北京市科星印刷有限责任公司
发　　行 语文出版社 新华书店经销
规　　格 890mm×1240mm
开　　本 A5
印　　张 8.75
字　　数 181千字
版　　次 2024年1月第1版
印　　次 2024年1月第1次印刷
定　　价 35.00元

010-65253954(咨询) 010-65251033(购书) 010-65250075(印装质量)

目 录

地道相见，谁还能说您违背誓言呢

——揣摩心意，引出话题

平定了弟弟共叔段的叛乱后，郑庄公彻底掌握了郑国大权。他一方面为了彻底清算反对势力，另一方面也是怨恨母亲武姜偏心，就把暗中支持共叔段叛乱的武姜软禁于城颍，并且发下毒誓说：“不到黄泉，不再见面！”

过了些时候，庄公后悔了。可是毒誓已经发了，哪能随便更改呢！

当时，有个颍谷的官吏，名字叫颍考叔。他听说这件事后，琢磨出了郑庄公的心意，便借献礼之机求见郑庄公，庄公就召他和自己一起吃饭。

颍考叔在吃饭时，单单把肉羹留着。庄公感到很奇怪，便问其中的缘故。

颍考叔答道：“臣和母亲相依为命，臣吃的东西她都尝过，可她从未尝过君王赏赐的肉羹，请让臣带回去给她尝个鲜。”

庄公听后感慨道：“你有母亲可以孝敬，唉，我就没有！”颍考叔假装不知道武姜的事情，问：“请问您这是什么意思？”庄公把原因告诉了他，也说出了自己的悔意。

颍考叔是有备而来的，便对庄公说："这有什么可烦恼的！若是先挖一条地道，挖出泉水后，您再与母亲在地道中相见，这样一来谁能说您违背誓言了呢？"

"黄泉"的本义就是地下的泉水，引申为人死亡之后埋葬的地方，所以这种做法确实是取了个巧。

郑庄公依照他的话，立马派人挖了一条深及地下水的地道，直接通向武姜的住所。庄公走进地道去见武姜，赋诗道："身在大隧之中，多么和乐融洽啊！"

经过这段时间的反思，武姜已意识到自己的错误。她走出地道，赋诗道："身在大隧之外，多么舒畅快乐啊！"

从此，武姜和庄公母子二人和好如初。

【人物小传】

郑庄公（前 757—前 701），姬姓，郑氏，名寤生，郑武公的嫡长子，春秋初期著名的政治家。郑庄公在位期间，平定弟弟共叔段的叛乱，大力发展经济，增强郑国国力，实现了"小霸"局面。

【点评】

颍考叔早就做好了万全的准备，揣摩对了对方的心意，所以能够达到目的。颍考叔的高明之处，并不在于巧舌如簧，而在于没有说话之前，就知道对方想要听什么，由此才能水到渠成，引出话题，并帮庄公巧妙破解困局。

【原典】

（公）遂置姜氏于城颍，而誓之曰：“不及黄泉，无相见也。”既而悔之。

颍考叔为颍谷封人，闻之，有献于公。公赐之食，食舍肉。公问之，对曰：“小人有母，皆尝小人之食矣，未尝君之羹，请以遗之。”公曰：“尔有母遗，繄我独无！”颍考叔曰：“敢问何谓也？”公语之故，且告之悔。对曰：“君何患焉！若阙地及泉，隧而相见，其谁曰不然？”公从之。公入而赋：“大隧之中，其乐也融融！”姜出而赋：“大隧之外，其乐也泄泄。”遂为母子如初。

（选自《左传·隐公元年》）

如今废黜他，等于把恩德变仇恨

——以诚动之，暗加压力

晋惠公时，有一年晋国遭遇天灾，向秦国寻求援助。秦穆公不计前嫌，帮助晋国平安度过了饥荒。

几年后，秦国大旱，粮食歉收，向晋国请求帮助，但是晋惠公不仅不借粮食给秦国，反而大举发兵伐秦。

秦穆公大怒，于是亲率大军迎战晋军。两国战于韩原，秦国获胜，俘虏了晋惠公。

秦穆公准备杀了晋惠公。秦穆公的夫人是晋惠公的姐姐，她向秦穆公苦苦哀求。秦穆公这才松了口，让晋国派使臣到王城会盟。

鲁僖公十五年十月，秦穆公在王城接见了晋国使臣阴饴甥。秦穆公问道："你们晋国内部和睦吗？"阴饴甥说："不和睦。有小人和君子两派，意见不一致。小人以失去国君为耻，又因亲人丧命而悲伤，不惜多征赋税，添置武器盔甲，拥立太子继位，准备和秦国决一死战。他们说：'宁肯奉事戎狄，也得报这个仇。'君子虽然爱护自己的国君，但也知道他的罪过。他们也不惜多征赋税，添置武器盔甲，却是为了等待秦国的命令。他们说：‘一定要报答秦国的恩德，死也不敢有二心。’”

秦穆公又问：“你们对国君的命运有什么看法？”

阴饴甥说：“小人发愁，说：‘我们对秦国太无情了，秦国岂肯还我国君？’君子心宽，认为国君肯定会回来：‘我们已然知罪，秦国定会还我国君。背叛的人就把他抓起来，等他认罪了就把他放回去，恩德没有比这更厚的了，刑罚没有比这更严的了。这样，内心臣服的人自然感恩戴德，那怀有二心的人也会畏惧刑罚。秦国这一战，可以说是成就了霸业。当初在秦国的帮助下，国君才得以回国即位；如今秦国如果废黜他，不就让当初的恩德变成了仇恨吗？秦国总不会这样做吧！’”

秦穆公说：“你讲的正合我心啊！”他马上就把晋惠公从监牢里放出来，重新安置，并以诸侯之礼相待。

【人物小传】

秦穆公（？—前621），嬴姓，赵氏，名任好，《史记》将其列为春秋五霸之一。他继位后任用百里奚、蹇叔等为谋臣，使得国力不断增长。在位期间他审时度势，带领秦国向西发展，开辟国土千余里，称霸西戎，为日后秦统一中国奠定了基础。

【点评】

阴饴甥作为战败国的代表去请求秦穆公放过晋国国君，他巧妙地引用君子和小人的不同观点，既诚恳地表明晋国定会知恩图报，又暗自施加鱼死网破的压力给秦穆公，请秦穆公权衡利弊。阴饴甥的言辞十分巧妙，以诚动之的同时又能不卑不亢，暗加压力，从而顺利说服秦穆公。

【原典】

十月，晋阴饴甥会秦伯，盟于王城。

秦伯曰："晋国和乎？"

对曰："不和。小人耻失其君而悼丧其亲，不惮征缮以立圉也。曰：'必报仇，宁事戎狄。'君子爱其君而知其罪，不惮征缮以待秦命。曰：'必报德，有死无二。'以此不和。"

秦伯曰："国谓君何？"

对曰："小人戚，谓之不免；君子恕，以为必归。小人曰：'我毒秦，秦岂归君？'君子曰：'我知罪矣，秦必归君。贰而执之，服而舍之，德莫厚焉，刑莫威焉。服者怀德，贰者畏刑，此一役也，秦可以霸。纳而不定，废而不立，以德为怨，秦不其然！'"

秦伯曰:“是吾心也。”

改馆晋侯,馈七牢焉。

(选自《左传·僖公十五年》)

他一定不会这样做的

——旁敲侧击，委婉劝说

齐孝公攻打鲁国北部边境。鲁僖公派展喜去慰劳齐军，并叫他先到展禽那里请教外交辞令。

齐孝公还没有进入鲁国国境，展喜就出境迎上去见他，说："敝国国君听说您亲自出动大驾，将要光临敝国，特派遣下臣来犒劳您的左右侍从。"

齐孝公说："知道我们要来，你们鲁国人害怕吗？"

展喜回答："小人害怕，君子一点儿都不害怕。"

齐孝公不解地问："你们的府库空虚得就像悬挂起来的罄，四野里连棵青草都没有，仗着什么而不害怕？"

展喜回答："敝国倚仗的是先王的遗命。从前周公、齐太公辅佐周成王时，周成王曾赐给他们盟约，盟约上说：'世世代代的子孙，不要互相侵害。'这个盟约藏在盟府里，由太史掌管。齐桓公因此联合诸侯，设法解决他们之间的矛盾，弥补他们的关系裂痕，救援他们的灾难，这都是为了发扬齐太公的职责啊。您登上君位的时候，诸侯都充满期待，说：'他会继承齐桓公的功业吧。’敝国没有建立防御，而是想着：‘难道他即位九年就要丢弃王命，废掉职责吗？那他怎么向先君交代？他一定不会这样做的！’人们凭借这一点就不害怕。”

齐孝公于是收兵回国。

【人物小传】

展禽（前720—前621），姬姓，展氏，名获，字禽，食邑柳下，谥号“惠”，故称柳下惠。作为著名的贤者，柳下惠在各诸侯国中有相当大的影响力。

【点评】

展喜犒劳齐国军队时所说的话，虽然是出自展喜之口，其实是展禽的授意。面对有备而来的齐孝公，劝和并非易事。展喜并没有直接揭露和责备齐国攻伐鲁国的意图，而是采取旁敲侧击的办法，叙说齐、鲁两国禀受先王之命，团结互助、相互扶持的往事。展喜的话说得委婉动听，还顺带称赞了齐孝公的父亲齐桓公，从而令齐孝公感到羞愧不已，遂决定收兵回国。在劝说他人时，旁敲侧击与单刀直入有各自不同的功用，但是弱势的一方往往要采取更委婉的方式，才能取得好的效果。

【原典】

夏，齐孝公伐我北鄙。……

公使展喜犒师，使受命于展禽。

齐侯未入竟，展喜从之，曰："寡君闻君亲举玉趾，将辱于敝邑，使下臣犒执事。"

齐侯曰："鲁人恐乎？"

对曰："小人恐矣，君子则否。"

齐侯曰："室如县罄，野无青草，何恃而不恐？"

对曰："恃先王之命。昔周公、大公股肱周室，夹辅成王。成王劳之，而赐之盟，曰：'世世子孙无相害也！'载在盟府，大师职之。桓公是以纠合诸侯，而谋其不协，弥缝其阙，而匡救其灾，昭旧职也。及君即位，诸侯之望曰：'其率桓之功。'我敝邑用不敢保聚，曰：'岂其嗣世九年，而弃命废职？其若先君何？君必不然。'恃此而不恐。"

齐侯乃还。

（选自《左传·僖公二十六年》）

不拆围墙，就没地方存放贡品啊

——巧辩脱困，柔中带刚

子产陪郑简公到晋国，晋平公因为有事，没有接见他们。过了几天，子产就派人把宾馆的围墙拆了，让车马进入馆舍。

晋大夫士文伯责备子产说："敝国的盗贼遍地都是，为了保护辱临敝国的诸侯属官，我们修缮了馆舍。馆门很高，围墙也很厚，宾客住着很安心。现在您把围墙拆了，您是能靠随从戒备，但别国的宾客怎么办呢？由于敝国忝为盟主，所以修缮馆舍，筑好围墙，以接待宾客。您把它们都毁掉，又如何满足宾客的需要呢？国君让我来请教一下。"

子产不慌不忙地回答："我们是小国，夹在大国中间，大国经常让我们进贡，我们不敢安居，举全国之力搜集贡品，准备着随时来朝见。这次碰巧贵国国君没空，未能得见，又没得到命令，不知道什么时候召见。这些贡品不经过一定的仪式，我们不敢贸然进献。但若把贡品放在外面，又怕日晒雨淋而腐烂生虫，加重敝国的罪过。我听说从前文公做盟主时，宫室低小，没有可供观赏的台榭，却把接待宾客的馆舍修得十分高大，像国君的寝宫一样。馆舍内的仓库和马棚修得很好，司空按时平整道路，泥水匠按时粉刷馆舍。宾客到来，甸人点起庭院中的火把，仆人巡视客舍，车马有地方安置，宾客的随从有代劳的人员，管理车辆的官员给车轴加油，打扫房间的、饲养牲口的，各自照看自己分内的事。各部门的属官会检查招待宾客的物品。文公从不让宾客们等很久，他与宾客同忧共乐，宾客来到这里就像回到家一样。现在晋侯的别宫方圆数里，却让宾客住在像给奴仆住的房子里，车辆进不了大门，又不能翻墙而入。接见宾客没有定时，召见命令也不知何时发布。如果还不拆毁围墙，就没地方存放贡品。虽然恰逢鲁国丧事，可这也是敝国感到忧戚的事啊！如果能让我们早点献上礼物，我们把围墙修好了就走，这是君王对我们的恩惠，我们哪敢害怕辛劳！”

士文伯把子产的话报告给赵文子，赵文子说：“对啊，确实是我们不好，用像给奴仆住的房舍来招待诸侯，这是我们的过错。”于是，他派士文伯去赔礼道歉。

随后，晋平公以隆重的礼节接见了郑简公，还举办了盛大的宴会，赠予了丰厚的礼品，才让郑简公回国。之后，晋国新建了接待诸侯的宾馆。

【点评】

“弱国无外交”，然而，面对大国的责问，子产却能不辱使命，既巧妙地回应了大国的指责，还为自己的行为找到了充分的理由，其言谈智慧值得我们学习。

【原典】

公薨之月，子产相郑伯以如晋，晋侯以我丧故，未之见也。子产使尽坏其馆之垣，而纳车马焉。

士文伯让之，曰：“敝邑以政刑之不修，寇盗充斥，无若诸侯之属辱在寡君者何，是以令吏人完客所馆，高其闬闳，厚其墙垣，以无忧客使。今吾子坏之，虽从者能戒，其若异客何？以敝邑之为盟主，缮完葺墙，以待宾客。若皆毁之，其何以共命？寡君使匄请命。”

对曰：“以敝邑褊小，介于大国，诛求无时，是以不敢宁居，悉索敝赋，以来会时事。逢执事之不间，而未得见；又不获闻命，未知见时。不敢输币，亦不敢暴露。其输之，则君之府实也，非荐陈之，不敢输也。其暴露之，则恐燥湿之不时而朽蠹，以重敝邑之罪。侨闻文公之为盟主也，宫室卑庳，无观台榭，以崇大诸侯之馆，馆如公寝；库厩缮修，司空以时平易道路，圬人以时塓馆宫室；诸侯宾至，甸设庭燎，仆人巡宫，车马有所，宾从有代，巾车脂辖，隶人、牧、圉，各瞻其事；百官之属，各展其物；公不留宾，而亦无废事；忧乐同之，事则巡之；教其不知，而恤其不足。宾至如归，无宁灾患；不畏寇盗，而亦不患燥湿。今铜鞮之宫数里，而诸侯舍于隶人，门不容车，而不可逾越；盗贼公行，而天疠不戒。宾见无时，命不可知。若又勿坏，是无所藏币以重罪也。敢请执事，将何所命之？虽君之有鲁丧，亦敝邑之忧也。若获荐币，修垣而行，君之惠也，敢惮勤劳！”

文伯复命。赵文子曰：“信。我实不德，而以隶人之垣以赢诸侯，是吾罪也。”使士文伯谢不敏焉。

晋侯见郑伯，有加礼，厚其宴好而归之。乃筑诸侯之馆。

（选自《左传·襄公三十一年》）

这些东西也就是从屋里搬到屋外

——层层推进，打消顾虑

晋献公想要征讨虢国，荀息劝谏说：“大王为什么不用北屈出产的马、垂棘出产的璧作为礼物，向虞国借路呢？”

献公说：“这些是我们的国宝，如果虞国接受了礼物但还是不愿意借路，那该怎么办呢？”

荀息笑了笑说：“大王大可不必忧虑。这本就是小国用来侍奉大国的礼数。如果虞公不想借路，那么他肯定也不敢接受我们给他的重礼。如果他接受了礼物而借路给我们，那就像是把这些东西从屋里搬到了屋外，跟还在我们自己国家一样，想什么时候拿回来，就可以什么时候拿回来。”

献公听完，面带疑虑地说：“虽说如此，但是宫之奇还在虞国，他一定不会让虞公接受这些礼物。”

荀息说：“宫之奇虽然自己心里明白，但是生性懦弱，而且比虞公又大不了几岁。他心里明白，话就会说得很简短；性格懦弱，就不会拼命去谏阻；比虞公大不了几岁，虞公就不会重视他的话。况且臣觉得虞公不是那么有远见的人，还看不到其中隐藏的祸患。奇珍异宝就在眼前，面对这么大的诱惑，他肯定会答应的。”

献公于是决定向虞国借路来征伐虢国。果不其然，宫之奇向虞公进谏说：“晋国的使者言辞谦卑而礼物隆重，借路一事一定对虞国没有好处。”虞公不听，接受了晋国的礼物，答应借路。宫之奇伤心地劝谏道：“俗话说：‘唇亡齿寒。’说的岂不就是这件事吗！”见虞公不听劝阻，他便赶紧带着自己的妻子、孩子投奔曹国去了。

晋献公灭了虢国，五年后又攻取了虞国。荀息牵着马捧着璧，走上前来对晋献公说：“大王您看，璧还是原来的样子，没有一点损伤，只不过马变老了。”

【点评】

虢国是虞国唇齿相依的邻邦，虢国一旦被灭，虞国自然也就保不住了。可虞国国君只顾眼前利益而不顾国家的长远利益，所以并没有意识到这一点。这个故事的精彩之处就在于荀息对人性的分析十分透彻。一方面，他让晋国国君明白将珍宝送给虞国，只是暂存在那儿，晋国早晚会把虞国灭了取回宝物；另一方面，他对宫之奇和虞公的分析也十分精准，从而彻底打消了晋国国君的顾虑。

【原典】

晋献公欲伐虢，荀息曰：“君何不以屈产之乘、垂棘之璧而借道乎虞也？”公曰：“此晋国之宝也。如受吾币而不借吾道，则如之何？”荀息曰：“此小国之所以事大国也。彼不借吾道，必不敢受吾币。如受吾币，而借吾道，则是我取之中府而藏之外府，取之中厩而置之外厩也。”公曰：“宫之奇存焉，必不使受之也。”荀息曰：“宫之奇之为人也，达心而懦，又少长于君。达心则其言略，懦则不能强谏；少长于君，则君轻之。且夫玩好在耳目之前，而患在一国之后，此中知以上乃能虑之。臣料虞君中知以下也。”

公遂借道而伐虢。宫之奇谏曰：“晋国之使者，其辞卑而币重，必不便于虞。”虞公弗听，遂受其币，而借之道。宫之奇又谏曰：“语曰：‘唇亡则齿寒。’其斯之谓与！”挈其妻子以奔曹。

献公亡虢，五年而后举虞。荀息牵马操璧而前曰：“璧则犹是也，而马齿加长矣。”

（选自《谷梁传·僖公二年》）

宋国尚且有不肯骗人的大臣，难道楚国就没有吗

——开诚布公，据实相告

楚庄王的军队包围宋国一段时间后，楚军只剩下七天的口粮。如果吃完这些军粮还不能取胜的话，楚军就只能撤退了。于是楚庄王派司马子反登上土堙去窥探宋国都城内的情况。

宋国的华元也登上土堙会见子反。

子反问："你们情况如何？"

华元说："疲惫不堪啊！"

子反接着问："疲惫到什么程度了呢？"

华元说："现在已经到交换孩子杀了吃，劈开骸骨烧火做饭的地步了。"

子反说："唉，真的很疲惫啊！我听说，被围困的人，总是让马儿衔着木棍，不让马儿吃饱，这样就让人看见马槽里的草料很充足；只牵出肥马给客人看，让客人觉得马喂得很好。你为什么对我透露实情呢？"

华元说："我听说，君子看见别人有困难就会心生怜悯，只有小人才幸灾乐祸。我看你是位君子，所以据实相告。"

司马子反说：“嗯，努力防守吧！我们也只剩下七天的军粮，吃完军粮还不能取胜，就会撤军了。”说罢向华元拱手告别，回去向楚庄王复命。

楚庄王问：“敌情如何？”

司马子反说：“疲惫不堪啊！”

楚庄王接着问：“疲惫到什么程度了呢？”

司马子反说：“已经到交换孩子杀了吃，劈开骸骨烧火做饭的地步了。”

楚庄王说：“唉，真的很疲惫啊！那么，我们就再撑住一口气，攻下宋城再回去。”

司马子反说：“不能这样做了。我已告诉对方，我军也只有七天的口粮了。”

楚庄王大怒：“我叫你去侦察敌情，你怎么反倒向对方泄露军机？”

司马子反说：“区区一个宋国尚且有不肯骗人的大臣，难道楚国就没有吗？因此我向对方说了实话。”

楚庄王说：“嗯，反正说都说了，那就算了吧！不过，虽然军粮不足，我还是要攻下宋城再回去。”

司马子反说：“既然如此，就请您留在这里，我可要回去了。”

楚庄王说：“你丢下我回去，我和谁一起留在这儿？我也回去算了。”于是楚庄王带领全军退出宋国。

【点评】

楚宋交战，宋国都城内易子而食，析骨而炊，楚军也粮草告急，军心涣散。在这种情形下，面对子反的打探，华元开诚布公，据实相告；而面对楚庄王的诘问，子反也坦然指出，处于劣势的宋国尚且不肯说谎，自己更不能在道德上输给对方。最后楚庄王无奈退军，两国得以缔结和约。

【原典】

庄王围宋，军有七日之粮尔。尽此不胜，将去而归尔。于是使司马子反乘堙而窥宋城。

宋华元亦乘堙而出见之。

司马子反曰："子之国何如？"

华元曰："惫矣！"

曰："何如？"

曰："易子而食之，析骸而炊之。"

司马子反曰："嘻！甚矣，惫！虽然，吾闻之也，围者柑马而秣之，使肥者应客。是何子之情也？"

华元曰："吾闻之，君子见人之厄则矜之，小人见人之厄则幸之。吾见子之君子也，是以告情于子也。"

司马子反曰："诺，勉之矣！吾军亦有七日之粮尔！尽此不胜，将去而归尔。"揖而去之。反于庄王。

庄王曰："何如？"

司马子反曰："惫矣！"

曰："何如？"

曰："易子而食之，析骸而炊之。"

庄王曰："嘻！甚矣，惫！虽然，吾今取此，然后而归尔。"

司马子反曰："不可。臣已告之矣，军有七日之粮尔。"

庄王怒曰："吾使子往视之，子曷为告之？"

司马子反曰："以区区之宋，犹有不欺人之臣，可以楚而无乎？是以告之也。"

庄王曰："诺，舍而止。虽然，吾犹取此，然后归尔。"

司马子反曰："然则君请处于此，臣请归尔。"

庄王曰："子去我而归，吾孰与处于此？吾亦从子而归尔。"引师而去之。

（选自《公羊传·宣公十五年》）

是床不安稳呢，还是骊姬不在身边

——问此答彼，迂回献计

晋献公出城打猎，看到翟柤国上空弥漫着凶气。回城后，晋献公还在想着翟柤的事情。翟柤的北狄人住在离都城这么近的地方，这对于晋国的安全来说是非常不利的。想到这一点，晋献公辗转反侧，怎么都睡不着。

第二天一早，晋献公对来朝见的郤叔虎说道："昨夜寡人一晚上都没睡着。"

郤叔虎问道："是床不安稳呢，还是骊姬不在身边？"

晋献公见郤叔虎不能理解自己的忧愁，便命令他退出宫殿。

郤叔虎从宫殿出来后遇见了晋国大夫士芳，便对他说："昨天国君出城打猎，本来应该是很高兴的事情，但是刚才国君却跟我说他昨天夜不能寐，一定是因为翟柤。翟柤的君主喜欢独占财利而无所忌惮，他的臣子竞相谄媚讨好，被重用的都是堵塞国君视听的小人，而受排挤的都是进逆耳之言的忠臣。上面的人贪婪而狠暴，下面的人苟且以求侥幸，有放纵的君主，而没有谏诤的臣子，有贪婪的居上位者，而没有忠心的居下位

者。君臣上下各自满足一己私欲，放纵地干邪恶的事情；民众各有各的打算而无所倚仗。像这样治理国家，不是很困难吗？国君如果征伐翟柤一定可以取胜。这些话我没有说，请您一定要说给国君听。”

士𫇭就把这些话告诉了晋献公。晋献公十分高兴，于是出兵攻伐翟柤。

攻打翟柤时，郤叔虎准备率先登城。郤叔虎手下的人说：“抛弃政事来打仗，不是您的任务。”郤叔虎说：“我既没有深远的谋算，又不能拼死效力，还能用什么侍奉国君呢？”于是，郤叔虎背着作为旌旗的鸟羽首先登城。郤叔虎奋勇当先，极大地鼓舞了晋军的士气，大家一拥而上攻下了翟柤。

【人物小传】

晋献公（？—前651），姬姓，名诡诸，武公之子。晋献公在位期间，晋国吞并了霍、虞、冀、虢、耿、郇、魏、杨、芮等十几个国家，镇服了周边邻国，由偏居一隅的深山小国，一跃成为当时首屈一指的强国。

【点评】

郤叔虎对翟柤“可克也”的判断，是基于翟柤的国情——君主好利，大臣为了得宠而竞相谄媚，忠臣受到排挤，百姓没有主心骨。郤叔虎了解这些情况，但是并没有直接对晋献公说出来，而是请士芀向晋献公传达。之所以采取这种迂回献计的方式，是因为郤叔虎知道，直接劝慰和鼓励晋献公未必能消除他内心的担忧。于是他故意问此答彼，通过别人之口来传达自己对局势的分析。

【原典】

献公田，见翟柤之氛，归寝不寐。

郤叔虎朝，公语之。对曰：“床笫之不安邪？抑骊姬之不存侧邪？”

公辞焉。出遇士芀，曰：“今夕君寝不寐，必为翟柤也。夫翟柤之君，好专利而不忌，其臣竞谄以求媚，其进者壅塞，其退者拒违。其上贪以忍，其下偷以幸；有纵君而无谏臣，有冒上而无忠下。君臣上下各餍其私，以纵其回，民各有心而无所据依。以是处国，不亦难乎！君若伐之，可克也。吾不言，子必言之。”

士芀以告，公悦，乃伐翟柤。郤叔虎将乘城，其徒曰：“弃政而役，非其任也。”郤叔虎曰：“既无老谋，而又无壮事，何以事君？”被羽先升，遂克之。

（选自《国语·晋语一》）

理直才会气壮，理屈士气就会低落

——另辟蹊径，转移焦点

晋国和楚国作战，双方摆开阵势之后，晋文公下令退避楚军。

军吏请求说：“作为国君却避开敌国的臣子，这是一种耻辱。而且楚军已经疲劳，必然战败，我军为什么要撤退呢？”

子犯说：“以前流亡楚国时许下的诺言，你们都忘记了吗？我听说用兵作战，理直才会气壮，理屈士气就会低落。我们尚未报答以前楚国的恩惠就来救宋国，这是我方理屈而楚国理直，如此一来，楚军士气就会旺盛，不可认为他们已经疲劳不堪。如果我方做到以国君避开臣子，而楚军还不撤退，那对方也就理屈了。”

于是，晋军就撤退九十里，避开楚军。

楚军见晋军后退，以为对方害怕了，马上追击。晋军利用楚军骄傲轻敌的弱点，集中兵力，大破楚军。

【点评】

子犯没有拘泥于军队是该前进还是后退，而是转换思路，指出理直才能气壮，成功将焦点从一时的进退转移到道德礼制的层面，消弭了军队不战而退的怨气。在说服他人时，对于难以解决的问题，可以转换思路，寻求其他办法。

【原典】

楚既陈，晋师退舍。

军吏请曰："以君避臣，辱也。且楚师老矣，必败。何故退？"

子犯曰："二三子忘在楚乎？偃也闻之：战斗，直为壮，曲为老。未报楚惠而抗宋，我曲楚直，其众莫不生气，不可谓老。若我以君避臣，而不去，彼亦曲矣。"

退三舍避楚。

楚众欲止，子玉不肯，至于城濮，果战，楚众大败。

（选自《国语·晋语四》）

还是去晋阳吧

——逆向思维，考虑全面

晋阳被围之前，张谈说：“先主置办各种贵重的礼器，就是为了解救国家危难。何不姑且不要吝惜财宝，向诸侯求援呢？”

赵襄子说：“我德行有缺，比不上我的先人。没有德行，却想贿赂诸侯来求援，这怎么能行呢？”

赵襄子考虑再三，还是准备离开，说：“我到何处去呢？”

侍从说：“长子距离近，而且城墙厚实完整，我们可以去那里。”

赵襄子说：“当初长子的百姓竭尽全力才修筑了城池，现在再要百姓冒着生命危险守卫城池，谁还肯为我出力呢？”

侍从说：“邯郸的仓库储备很充实，我们可以去那里。”

赵襄子说：“那是当初榨干了邯郸的民脂民膏才充实起来的，现在又要让他们的性命受到威胁，谁还肯为我出力呢？还是去晋阳吧。尹铎那里的百姓宽厚，人民必定能跟我们同心同德。”

于是赵襄子便逃往晋阳了。

原来，当年赵襄子之父赵简子掌权的时候，晋阳城刚刚修建好，从各地迁移了许多百姓过去。当时赵简子任命尹铎为晋阳的地方长官，尹铎答应了，可是要求在计算晋阳赋税的时候少算一些户口数，以减轻当地百姓缴纳赋税的负担。赵简子问他原因，尹铎反问赵简子："你让我去晋阳，是想让我搜刮钱财呢，还是想使晋阳成为赵氏可靠的保障呢？"于是，赵简子答应了尹铎的要求。赵简子临终时告诉儿子赵襄子，一旦形势危急，赵氏到了必须逃亡的时候，一定要去晋阳，不要嫌弃晋阳路途遥远，只有那里才是赵氏最后的避难所。

后来，晋军包围了晋阳，又决水灌城，百姓家里的炉灶都淹没在水中，生出了蛤蟆。然而百姓却始终忠于赵氏，毫无背叛的意思。

【人物小传】

赵襄子（？—前425），嬴姓，赵氏，名无恤（亦作"毋恤"），春秋末叶晋国人，战国时期赵国的实际创始人之一，谥号"襄子"。在晋国六卿攫夺政权的残酷斗争中，赵襄子把握时机，转化矛盾，败中取胜，终于使赵氏具备了位列诸侯的实力，成为瓜分晋国的三家之一。

【点评】

事物的表象很多人都能看到，比如长子城墙厚实完整、邯郸仓廪充实，而赵襄子的高明之处在于能看到那些普通人看不到的东西，所以才能提出出人意料的解决办法。这不仅是语言的胜利，更是逻辑思维的胜利。

【原典】

晋阳之围，张谈曰："先主为重器也，为国家之难也，盍姑无爱宝于诸侯乎？"

襄子曰："吾无使也。"

张谈曰："地也可。"

襄子曰："吾不幸有疾，不夷于先子，不德而贿。夫地也求饮吾欲，是养吾疾而干吾禄也。吾不与皆毙。"

襄子出，曰："吾何走乎？"

从者曰："长子近，且城厚完。"

襄子曰："民罢力以完之，又毙死以守之，其谁与我？"

从者曰："邯郸之仓库实。"

襄子曰："浚民之膏泽以实之，又因而杀之，其谁与我？其晋阳乎！先主之所属也，尹铎之所宽也，民必和矣。"

乃走晋阳，晋师围而灌之，沈灶产蛙，民无叛意。

（选自《国语·晋语九》）

现在敢来见大王，是想看看大王的德行怎么样

——情真意切，总结教训

吴国军队攻入楚国，楚昭王听到消息，连忙带着随从出逃。楚昭王来到一个渡口想要过河时，忽然看见楚国大夫蓝尹亹用船载着妻子儿女也正要渡河。楚昭王赶忙说："快点儿过来，让我也坐上你的船。"蓝尹亹看见战战兢兢的楚昭王，说："在您之前，我们还没有过丢失国家的君主，可是您丢失了国家，这是您的过错。"结果蓝尹亹拒绝搭载楚昭王，径自把船开走了。

后来，楚昭王历经坎坷又回到了国都，蓝尹亹去拜见楚昭王。楚昭王因当年的事记恨在心，想要逮捕蓝尹亹。楚昭王的哥哥子西劝道："请听听他的解释，其中想必有什么缘故吧。"

楚昭王于是派人对蓝尹亹说："那年在渡口，大王需要帮忙的时候你拒绝了，你现在还敢回朝？"蓝尹亹镇定地说："我在渡口未救大王，是对大王的警诫；现在敢来见大王，是想看看大王的德行怎么样。我心想，大王应该会回想起那时的恐惧而把从前的事作为借鉴吧？如果大王不以此为鉴，就会犯下更大

的过失，那么，大王是有国而不爱国，臣死了又有什么关系呢，不过是死在主管刑狱的司寇手里罢了！请大王仔细考虑！”

子西听了蓝尹亹的话，对楚昭王说：“请让蓝尹亹官复原职吧，这样也可以提醒我们不要忘记之前的惨败。”楚昭王听从了子西的建议，接见了蓝尹亹。

【点评】

蓝尹亹的这段辩解情真意切，有对失败教训的总结，有为自己行为的辩护，有对楚昭王的批评和劝告，话虽不多，却很有力，使对方折服。

【原典】

吴人入楚，昭王出奔，济于成臼，见蓝尹亹载其孥。王曰：“载予。”对曰：“自先王莫坠其国，当君而亡之，君之过也。”遂去王。

王归，又求见，王欲执之，子西曰：“请听其辞，夫其有故。”

王使谓之曰："成臼之役，而弃不穀，今而敢来，何也？"对曰："昔瓦唯长旧怨，以败于柏举，故君及此。今又效之，无乃不可乎？臣避于成臼，以儆君也，庶悛而更乎？今之敢见，观君之德也。曰：庶忆惧而鉴前恶乎？君若不鉴而长之，君实有国而不爱，臣何有于死，死在司败矣！惟君图之！"

子西曰："使复其位，以无忘前败。"王乃见之。

（选自《国语·楚语下》）

我们随时准备将宝鼎献给您

——智抛诱饵，巧解危机

东周的都城洛阳有象征着国家权力的传国宝器——九鼎。九鼎相传为夏禹所制，夏禹收天下九州之金铸成九个大鼎，象征天下九州。战国时列国纷争，周天子的统治名存实亡，列国诸侯纷纷觊觎九鼎。当时秦国想抢先得到九鼎，便出兵东周，向周显王索求九鼎。周显王为此忧虑万分，便把这件事情告诉了大臣颜率。

颜率对周显王说："大王您不要发愁，我马上往东去向齐国求救。"随后颜率来到齐国，对齐宣王说："秦国暴虐无道，出兵威胁周天子，向周天子索求九鼎。周室君臣经过商议，认为与其给秦国，还不如给齐国。齐国出兵援周，不仅能得到好的名声，还能得到天下至宝九鼎。希望大王考虑我的建议。"

齐宣王听了非常高兴，立即派将军陈臣思统军五万去救周天子，秦国见齐军支援周天子，只好撤兵。

事后，齐宣王向周天子索要九鼎。周显王又开始左右为难，寝食不安。大臣颜率对周天子说："大王您不用发愁，请允许我再次出使齐国，我一定会让齐国放弃索要九鼎。”

颜率又来到齐国，对齐宣王说：“齐国主持正义，派兵援周，这才保障了周室君臣的安全。周天子非常愿意把九鼎献给齐国，但不知大王您准备从哪条路将宝鼎运到齐国？”

齐宣王说：“我们准备向魏国借路。”

颜率故意装出一副十分吃惊的样子，对齐宣王说：“这可不行。据我所知，魏国君臣早就想得到九鼎，他们已经策划很久了。宝鼎如果进入魏国，就休想运走。”

齐宣王说：“既然不能向魏国借路，那么就向楚国借路。”

颜率说：“这条路也行不通。楚国的君臣也很想得到宝鼎，他们部署取鼎的计划也已经很久了。宝鼎一旦入楚，恐怕也运不走了。”

齐宣王问道：“依你看来，从哪条路可以把宝鼎运来？”

颜率说：“关于运鼎一事，周室君臣为大王忧虑很久了。鼎这一器物不能像醋坛子或是酱罐子一样，怀里揣着手里端着就可以带到齐国，也不能像飞鸟那样飞进齐国，更不能像野兔和奔马那样跑到齐国。过去周武王讨伐商纣王，灭了商朝，得到了九鼎，可是将宝鼎运回来实在不容易。一个鼎就需要九万人牵引它，搬运九个鼎就需要八十一万人。当时士卒们都被调动起来投入到运鼎的工作中，人人拿着工具搬运九鼎。现在即便大王有这么多的人力，也不知道该从哪条路走啊。我真为大王发愁啊！”

齐宣王听了颜率的话，无可奈何，只得对颜率说道：“你来到齐国，说了很多运鼎的困难，但这等于什么也没有给我啊！”

颜率非常机智，马上回答：“周室君臣不敢欺骗大王，请您赶快确定好运鼎的路线，我们等待您的命令，随时准备将宝鼎献给您。”

齐宣王与手下的谋士商量了许久，始终想不出运鼎的良策，只好放弃了。

【人物小传】

颜率，战国时期周朝大臣，擅才辩。他是《战国策》中第一位出场的谋士。

【点评】

当陷入困境时，悲观丧气是没有用的，只有振作精神，发挥聪明才智，才可能扭转局面，转败为赢。故事中周天子在秦军压境之际，愁容不展，幸而有大臣颜率出谋划策，以九鼎为诱饵劝齐国出兵支援，这才智退秦兵，使得周朝转危为安。后来颜率又对齐宣王巧言相劝，分析运鼎困难，让齐宣王不得不放弃索鼎要求，这样便保住了周朝重宝九鼎。

【原典】

秦兴师临周而求九鼎，周君患之，以告颜率。颜率曰：“大王勿忧，臣请东借救于齐。”颜率至齐，谓齐王曰：“夫秦之为无道也，欲兴兵临周而求九鼎，周之君臣内自画计，与秦，不若归之大国。夫存危国，美名也；得九鼎，厚宝也。愿大王图之。”齐王大悦，发师五万人，使陈臣思将以救周，而秦兵罢。

齐将求九鼎，周君又患之。颜率曰："大王勿忧，臣请东解之。"颜率至齐，谓齐王曰："周赖大国之义，得君臣父子相保也，愿献九鼎，不识大国何途之从而致之齐？"齐王曰："寡人将寄径于梁。"颜率曰："不可。夫梁之君臣欲得九鼎，谋之晖台之下，少海之上，其日久矣。鼎入梁，必不出。"齐王曰："寡人将寄径于楚。"对曰："不可。楚之君臣欲得九鼎，谋之于叶庭之中，其日久矣。若入楚，鼎必不出。"王曰："寡人终何途之从而致之齐？"颜率曰："弊邑固窃为大王患之。夫鼎者，非效醯壶酱甀耳，可怀挟提挈以至齐者；非效鸟集乌飞，兔兴马逝，漓然止于齐者。昔周之伐殷，得九鼎，凡一鼎而九万人挽之，九九八十一万人，士卒师徒，器械被具，所以备者称此。今大王纵有其人，何途之从而出？臣窃为大王私忧之。"齐王曰："子之数来者，犹无与耳。"颜率曰："不敢欺大国，疾定所从出，弊邑迁鼎以待命。"齐王乃止。

——选自《战国策·东周策》

宜阳必定会被秦国攻破

——高瞻远瞩，谋划得当

秦国攻打韩国的宜阳城，周赧王对赵累说：“你预测一下，结果会怎样？”

赵累回答说：“宜阳必定会被秦国攻破。”

周赧王说：“宜阳方圆八里，屯兵十万，粮食可以支撑好几年。附近有韩国军队二十万，楚将景翠又率兵援救，秦国一定不会成功的。”

赵累说：“攻打宜阳的是在秦国寄居的甘茂。如果攻下宜阳，他就是秦国的周公旦；如果攻不下来，他在秦国就再也站不住脚了。秦王不听群臣的意见，一意孤行进攻宜阳，如果攻不下宜阳，秦王也会蒙羞。君臣同心，其利断金。所以我说宜阳一定能攻下来。”

周赧王说：“那么，你替我谋划一下，我们应当怎么办？”

赵累说：“请大王对楚将景翠说：‘你的爵位已经是执圭，你的官职已经是柱国。就算打了胜仗，官爵也不可能再升了；如果没能取胜，就难逃一死。不如等秦国攻下宜阳后，你再出兵，秦国害怕你趁秦军疲惫时去袭击，一定会用珍宝贿赂你；韩国会认为你是为救韩国才攻打秦国的，也一定会把宝物双手奉上。’”

秦军攻陷宜阳以后，楚将景翠听取周赧王的意见下令出兵。秦国很害怕，立即把煮枣这个地方献给景翠。韩国果然也拿出宝物酬谢景翠。

景翠不但得到了秦国的煮枣城，而且得到了韩国的宝物，因而感激东周。

【人物小传】

周赧王（？—前256），姬姓，名延，东周第二十五位君主，也是最后一位君主。周赧王曾为挽救周朝而欠下债务，债主持借券讨债，封堵宫门，喧哗不止，声音直传入内宫，周赧王只好到王宫后面的一个高台上躲债。后人将这个高台称为逃债台。

【点评】

赵累首先向周赧王明确指出宜阳必定被攻陷的结局，在此基础上展开论述。接着，赵累分析各国的利害关系，指出楚将景翠作出不同抉择，会产生不同后果。最后提出对景翠晓以利害，使其按照赵累的谋划行事。在说服他人时，不能一味地打着自己的如意算盘自说自话，而应该站在对方的角度，设身处地为对方思考，从而说服他人，达到自己的目的。

【原典】

秦攻宜阳，周君谓赵累曰：“子以为何如？”

对曰：“宜阳必拔也。”

君曰：“宜阳城方八里，材士十万，粟支数年，公仲之军二十万，景翠以楚之众，临山而救之，秦必无功。”

对曰：“甘茂，羁旅也，攻宜阳而有功，则周公旦也；无功，则削迹于秦。秦王不听群臣父兄之议而攻宜阳，宜阳不拔，秦王耻之。臣故曰拔。”

君曰：“子为寡人谋，且奈何？”

对曰：“君谓景翠曰：‘公爵为执圭，官为柱国，战而胜，则无加焉矣；不胜，则死。不如背秦援宜阳，公进兵，秦恐公之乘其弊也，必以宝事公；公中慕公之为己乘秦也，亦必尽其宝。’”

秦拔宜阳，景翠果进兵。秦惧，遽效煮枣，韩氏果亦效重宝。

景翠得城于秦，受宝于韩，而德东周。

（选自《战国策·东周策》）

用高都换取整个周国，有什么不愿意的呢

——审时度势，拨云见日

楚国攻打韩国的雍氏，韩国向周国求兵求粮。周王为此十分忧虑，就与大臣苏代共商对策。

苏代说："这有什么好担忧的？臣不但可以使韩国不向大王求兵求粮，而且可以使大王得到韩国的高都。"

周王听后非常高兴，说："你如果能做到，寡人愿意将国家大权交给你。"

于是苏代前往韩国拜见相国公仲侈，对他说道："难道您不知道楚国的计策吗？当初，楚将昭应对楚王夸下海口，说：'韩国常年疲于兵祸，因而粮库空虚，无力守住城池。现在，韩国又遇上饥荒，不到一个月，我就可以夺取韩国的雍氏。'如今楚国包围雍氏已经五个月有余了，还不能破城，楚王已经不相信昭应的计谋，有意放弃了。在这种情况下，您竟然向周王求兵求粮，这分明是在告诉楚国，韩国已经精疲力竭了啊！如果昭应知道了，一定会劝说楚王继续包围雍氏，楚国只要再加一把劲，旦夕之间就可以攻下雍氏。"

公仲侈说：“您说得很好，然而我的使者已经出发了。这该怎么办呢？”

苏代接着说：“您为什么不把高都之地送给周国呢？”

公仲侈听后十分生气，说：“我不向周国求兵求粮，这已经够可以的了，为什么还要送出高都呢？”

苏代说：“假如您能把高都送给周国，那么周国一定会再次跟韩国修好。对高都觊觎已久的秦国知道以后必然大为震怒，一定会断绝与周王室的良好关系。周国交恶其他国家，而单单交好韩国，这样一来，您就是用一个高都换取了整个周国。您有什么不愿意的呢？”

于是，公仲侈不再向周国求兵求粮，并把高都送给周国。

楚军最终没能攻下雍氏，只好怏怏离去。

【人物小传】

苏代，与苏秦为同族兄弟，战国时期纵横家。起初效力于燕王哙，后来又到齐国效力于齐湣王。子之之乱后，被燕昭王征召为上卿。

【点评】

苏代凭借巧妙的言辞向韩国揭示了战局的发展方向，最终不仅解决了西周的沉重负担，还给西周带来了意料之外的收获。这种化不利为有利、化被动为主动的谋略是非常高明的。只有审时度势，洞察表象背后的本质，才能认清事理，把握事物发展的规律和未来发展的方向。

【原典】

雍氏之役，韩征甲与粟于周。周君患之，告苏代。

苏代曰："何患焉？代能为君令韩不征甲与粟于周，又能为君得高都。"

周君大悦，曰："子苟能，寡人请以国听。"

苏代遂往见韩相国公中，曰："公不闻楚计乎？昭应谓楚王曰：'韩氏罢于兵，仓廪空，无以守城，吾收之以饥，不过一月必拔之。'今围雍氏五月不能拔，是楚病也，楚王始不信昭应之计矣。今公乃征甲及粟于周，此告楚病也。昭应闻此，必劝楚王益兵守雍氏，雍氏必拔。"

公中曰："善。然吾使者已行矣。"

代曰："公何不以高都与周？"

公中怒曰："吾无征甲与粟于周，亦已多矣。何为与高都？"

代曰："与之高都，则周必折而入于韩，秦闻之必大怒，而焚周之节，不通其使，是公以弊高都得完周也，何不与也？"

公中曰："善。"不征甲与粟于周而与高都。

楚卒不拔雍氏而去。

（选自《战国策·西周策》）

我私下为齐国感到不安

——设身处地，换位思考

齐国孟尝君田文率领齐国军队联合韩、魏攻打楚，又联合韩、魏攻打秦，并向西周借兵求粮。

韩庆在西周做官，劝谏孟尝君说："您率领齐国军队联合韩、魏攻打楚，花了九年才攻下宛、叶以北的地区，增强了韩、魏的势力。如今又联合韩、魏攻打秦，这将再次增强韩、魏的势力。韩、魏两国南边不用担忧楚国，西边不用畏惧秦国，土地就会扩大，地位也会提高，而齐国必将受到轻视。正如树木的树根和枝梢更迭盛衰，事物的强弱也会因为时间的推移而发生变化。此一时彼一时，我私下为齐国感到不安。

"您不如兵临函谷关之后就按兵不动。周国会替您向秦王提出要求，希望秦国帮助齐国得到楚国东部靠近齐国的那部分领土。秦国要怎么帮助齐国得到楚国东部的部分领土呢？那就只有以释放先前扣押的楚怀王作为交换条件。这样一来，秦国会因为解除了兵患而感激您，楚怀王会因为得以回国而感谢您，齐国会因为得到了楚国的部分领土而更加强大，您的封地薛也会因为有楚国东部领土作为屏障而更加安全。至于韩、赵、魏，因为秦国没有受到实质性的削弱，将不得不继续倚重您。而我们周国只是希望您能够在享受这些好处的同时，免除我们借兵借粮的负担而已。”

孟尝君说：“很好。”于是派遣韩庆入秦，让三国停止攻秦，齐国也不再向西周借兵求粮了。

【人物小传】

孟尝君（？—约前279），妫姓，田氏，名文，“战国四公子”之一，齐威王之孙，靖郭君田婴之子。因封袭其父爵于薛，又称薛公，孟尝君是其谥号。孟尝君在封地薛邑广招各国人才，门下有食客数千。

【点评】

韩庆游说的根本目的，是想让齐国不再向西周借兵求粮。他的聪明之处在于能以齐国的利益为出发点，为齐国的前途考虑。在为齐国谋划的过程中，“顺便”达成自己的目的，这是一种很高妙的游说策略。

【原典】

薛公以齐为韩、魏攻楚，又与韩、魏攻秦，而藉兵乞食于西周。

韩庆为西周谓薛公曰：“君以齐为韩、魏攻楚，九年而取宛、叶以北以强韩、魏，今又攻秦以益之。韩、魏南无楚忧，西无秦患，则地广而益重，齐必轻矣。夫本末更盛，虚实有时，窃为君危之。君不如令弊邑阴合于秦而君无攻，又无藉兵乞食。君临函谷而无攻，令弊邑以君之情谓秦王曰：'薛公必破秦以张韩、魏，所以进兵者，欲王令楚割东国以与齐也。'秦王出楚王以为和，君令弊邑以此忠秦，秦得无破，而以楚之东国自免也，必欲之。楚王出，必德齐，齐得东国而益强，而薛世世无患。秦不大弱，而处之三晋之西，三晋必重齐。"

薛公曰："善。"因令韩庆入秦，而使三国无攻秦，而使不藉兵乞食于西周。

（选自《战国策·西周策》）

如果赵国灭亡了，二位的土地也保不住
——离间之计，暗中游说

战国初期，智伯独揽朝政大权，成为晋国最大的卿，其他三卿——赵襄子、魏桓子和韩康子——均不敢和他抗衡。智伯仗着自己势力强大，分别向魏桓子和韩康子要求割让土地，但当他向赵襄子要求割让土地时，却遭到了拒绝。这让智伯十分恼怒，于是他派人传令给魏桓子和韩康子，让他们和自己一起出兵攻打赵襄子，并约定攻灭赵氏后三家平分赵氏的领地。

赵襄子得知此事后，立即召来自己的谋士张孟谈，与他一起商议如何应对。按照张孟谈的建议，赵襄子将战事的地点定在了晋阳。

三国的军队在晋阳城开战后，由于赵襄子准备得当，竟然成功守城三年！可是三年后，城中的钱财、粮食都快要用光了，士兵们的身体也变得越来越瘦弱，军心开始有所动摇。赵襄子见此情形，便想要投降。

这时，张孟谈劝说他道："国家快要灭亡了，却不能挽救它，那要谋臣智士有何用呢？请您放弃这个计划。臣请求觐见韩、魏二君，希望能说动他们撤兵。”

得到允许后，张孟谈暗中拜访了韩、魏二君，对他们说：“臣听说唇亡齿寒，现在赵氏将要灭亡了，智伯那么贪心，二位的土地也将保不住了。”

韩、魏二君听了这番话，心里清楚实情确实如此，就与张孟谈私下约好一起攻击智伯。

张孟谈为了使智伯不起疑心，还故意在辕门外遇见智过。果然，智过看张孟谈神情傲慢，就怀疑韩、魏二君要发动兵变，于是将此事告诉了智伯。但是，智伯不相信智过的话。虽然智伯不肯相信自己，但智过还是建议智伯亲近韩、魏二君，让智伯多分些土地给他们，智伯不同意。智过见智伯如此行事，料定智伯必败，于是就趁机离开了。

张孟谈知道这件事后就向赵襄子进言，说当下就是进攻智伯的最佳时机。接着他又去见了韩、魏二君，他们杀死了把守堤岸的吏卒，掘开晋水堤岸，淹没了智伯的军营，擒住了智伯。

【人物小传】

张孟谈，姬姓，张氏，名孟谈，战国初期赵襄子的家臣。张孟谈是一个机智善辩的人，他善于看清楚事情的关键所在，成功地帮助赵襄子守住了领土，巩固了赵氏的政权。

【点评】

任何外交都离不开“利益”二字，而成功的外交离不开双方之间的平等与信任。张孟谈正是深知这个道理，才能在游说韩、魏二君的时候，准确地抓住他们与智伯之间的矛盾，告诉他们唇亡齿寒的道理，进而让韩、魏二君认清自己的境遇，使韩、魏二君和赵氏一起攻灭了智伯。

【原典】

三国之兵乘晋阳城，遂战。三月不能拔，因舒军而围之，决晋水而灌之。围晋阳三年，城中巢居而处，悬釜而炊，财食将尽，士卒病羸。襄子谓张孟谈曰："粮食匮，城力尽，士大夫病，吾不能守矣。欲以城下，何如？"张孟谈曰："臣闻之，亡不能存，危不能安，则无为贵知士也。君释此计，勿复言也。臣请见韩、魏之君。"襄子曰："诺。"

张孟谈于是阴见韩、魏之君曰："臣闻'唇亡则齿寒'，今知伯帅二国之君伐赵，赵将亡矣，亡则二君为之次矣。"二君曰："我知其然。夫知伯为人也，粗中而少亲，我谋未遂而知，则其祸必至，为之奈何？"张孟谈曰："谋出二君之口，入臣之耳，人莫之知也。"二君即与张孟谈阴约三军，与之期日。夜，遣入晋阳。张孟谈以报襄子，襄子再拜之。

……

张孟谈闻之，入见襄子曰："臣遇知过于辕门之外，其视有疑臣之心，入见知伯，出更其姓。今暮不击，必后之矣。"襄子曰："诺。"使张孟谈见韩、魏之君曰："夜期杀守堤之吏，而决水灌知伯军。"知伯军救水而乱，韩、魏翼而击之，襄子将卒犯其前，大败知伯军而禽知伯。

（选自《战国策·赵策一》）

选马尚要等相马之人，何况治理国家

——诱导发问，巧设类比

有个说客去见赵孝成王，他问赵王：“我听说大王要派人去买马，真的有这回事吗？”

赵王回答：“有这回事。”

说客问：“那为什么到现在大王还没派人去买呢？”

赵王说：“到现在还没有找到会相马的人。”

说客就问：“大王为什么不派建信君去呢？”

赵王答道：“建信君要处理国家大事，何况他又不懂相马的事。”

说客又问：“大王为何不派纪姬去呢？”

赵王回答：“纪姬是个女人，不懂得相马。”

说客继续问道：“如果买来了特别强健的马匹，对国家有什么好处？”

赵王回答：“这种事情对国家没有什么好处。”

说客又问：“那么买来了不强健的马匹，又会对国家造成什么危害呢？”

赵王答道:“这种事情对国家也没有什么危害。”

说客说:“既然买的马好或不好,都对国家没有什么好处或危害,大王您买马为什么一定要等待一个会相马的人呢?现在大王治理国家的措施不当,国家衰败,几成废墟,甚至不能讲究祭祀,可是大王并不等待善于治理国家的人,却把大权交给建信君,这是为什么?”

赵王无言以对。

【点评】

说客先由买马谈起,看起来毫不经意,实际上已经将要说的话作了谋划安排。选马尚且要等会相马之人,那么治理国家更需要物色好贤明的大臣。说客将选马与治国进行类比,借此规劝昏庸的赵王。对待那些明显在走错路的人,我们当然要指斥他们的错误,但批评也要讲方法,正如《菜根谭》中所言:“攻人之恶毋太严,要思其堪受;教人以善毋过高,当使其可从。”

【原典】

客见赵王曰："臣闻王之使人买马也，有之乎？"王曰："有之。""何故至今不遣？"王曰："未得相马之工也。"对曰："王何不遣建信君乎？"王曰："建信君有国事，又不知相马。"曰："王何不遣纪姬乎？"王曰："纪姬妇人也，不知相马。"对曰："买马而善，何补于国？"王曰："无补于国。""买马而恶，何危于国？"王曰："无危于国。"对曰："然则买马善而若恶，皆无危补于国。然而王之买马也，必将待工。今治天下，举错非也，国家为虚戾，而社稷不血食，然而王不待工，而与建信君，何也？"赵王未之应也。

（选自《战国策·赵策四》）

臣是来哀悼大王您的

——语出惊人，先声夺人

楚国将要进攻齐国，而鲁国与楚国亲善，齐威王为此很担忧。

张丐对齐威王说：“臣可以让鲁国保持中立。”于是张丐为齐国去见鲁君。

鲁君说：“齐王是害怕了吗？”

张丐说：“这个臣不了解，臣是来哀悼大王您的。”

鲁君说：“为什么哀悼我？”

张丐说：“大王您的主意打错了。大王您不去帮助胜利者，而去帮助失败者，这是为什么呢？”

鲁君说：“你以为齐、楚两国谁可以获胜呢？”

张丐说：“这件事即使鬼神也不知道。”

鲁君说：“那么，你为什么哀悼我呢？”

张丐说：“现在，齐、楚两国势均力敌，并不会因为鲁国的参与就有什么变化。您何不静观两国相斗，等他们快要分出胜负时再决定如何行动，这样不就可以保全自己的兵力了吗？如果楚国能战胜齐国，楚国的精兵锐卒必定有所损伤；如果齐国能战胜楚国，齐国的精兵锐卒也必定有所损伤。这时您出兵援助战胜者，定将大有收获，他们也将非常感激您的援助。”

鲁君听了以后觉得很对，于是立即撤兵。

【人物小传】

齐威王（？—前 320），妫姓，田氏，名因齐，田齐桓公（与春秋五霸之一的姜齐桓公非同一人）田午之子，战国时期齐国（田齐）国君。齐威王在国都临淄稷门外修建稷下学宫，广招天下贤士议政讲学，使临淄成为当时的学术文化中心。

【点评】

齐楚开战，张丏为了说服鲁国撤兵，劝鲁国坐山观虎斗。从语言技巧上来说，张丏在提出自己的观点之前，先语出惊人——“臣来吊足下”，目的就是先声夺人，震慑住对方，进而吸引对方认真听取自己的意见。

【原典】

楚将伐齐，鲁亲之，齐王患之。

张丏曰：“臣请令鲁中立。”乃为齐见鲁君。

鲁君曰：“齐王惧乎？”

曰：“非臣所知也，臣来吊足下。”

鲁君曰：“何吊？”

曰：“君之谋过矣。君不与胜者而与不胜者，何故也？”

鲁君曰："子以齐、楚为孰胜哉？"

对曰："鬼且不知也。"

"然则子何以吊寡人？"

曰："齐、楚之权敌也，不用有鲁与无鲁。足下岂如令众而合二国之后哉！楚大胜齐，其良士选卒必殪，其余兵足以待天下；齐为胜，其良士选卒亦殪。而君以鲁众合战胜后，此其为德也亦大矣，其见恩德亦其大也。"

鲁君以为然，身退师。

（选自《战国策·齐策一》）

楚王不可能设置两个令尹

——巧用故事，寓理于趣

楚国大将昭阳率军攻打魏国，击杀魏将，大破魏军，占领了八座城池，乘势又移师攻打齐国。

陈轸充任齐王使者去见昭阳，他向昭阳拜了两拜，祝贺他打了胜仗，然后起身问道：“按照楚国的制度，灭敌杀将能得到什么官爵？”

昭阳回答：“官职至上柱国，爵位至上执圭。”

陈轸接着又问：“比这更尊贵的是什么？”

昭阳说：“那只有令尹了。”

陈轸说：“令尹的确是最尊贵的官职，但楚王不可能设两个令尹！我给将军讲个故事吧。

“楚国有个贵族，祭祀祖先之后，把一壶酒赐给了门客。门客们商量说：‘这酒，几个人喝不够，一个人享用却有余。不如我们各自在地上画一条蛇，谁先画成，这一壶酒就归谁。’有个门客率先画成，取过酒壶就准备先喝。他左手拿着酒壶，心想：‘我还可以为蛇添上脚呢。’于是右手又在地上画了起来。

他这边蛇脚还没有画完，另一个门客的蛇也画好了。于是，那个门客夺过他手中的酒壶，说：‘蛇本来就是没有脚的，你怎能硬给它添上脚呢？’他说完便喝了那酒。而画蛇脚的门客最终没有喝到酒。

“如今，将军辅佐楚王攻打魏国，破军杀将，夺其八城，又移师向齐，齐国震动。凭借这些，将军足以立身扬名了，而在官爵上是不可能再有什么加封了。如果战无不胜却不懂得适可而止，只会招致杀身之祸，原有的官爵将不为将军所有，正如画蛇添足的人一样！”

昭阳认为陈轸的话有道理，就撤兵回国了。

【点评】

口才是为谋略服务的。陈轸通过分析，向昭阳挑明：如果为自身的利益考虑的话，昭阳就不应该攻打齐国。陈轸能说服昭阳，关键在于讲明了过犹不及和适可而止的道理。陈轸巧借“画蛇添足”的故事来说明自己想要阐述的道理，既让昭阳容易理解，又增强了语言的趣味性，具有很强的说服力。

【原典】

昭阳为楚伐魏，覆军杀将得八城，移兵而攻齐。

陈轸为齐王使，见昭阳，再拜贺战胜，起而问："楚之法，覆军杀将，其官爵何也？"

昭阳曰："官为上柱国，爵为上执圭。"

陈轸曰："异贵于此者何也？"

曰："唯令尹耳。"

陈轸曰："令尹贵矣！王非置两令尹也，臣窃为公譬可也。楚有祠者，赐其舍人卮酒。舍人相谓曰：'数人饮之不足，一人饮之有余。请画地为蛇，先成者饮酒。'一人蛇先成，引酒且饮之，乃左手持卮，右手画蛇，曰：'吾能为之足。'未成，一人之蛇成，夺其卮曰：'蛇固无足，子安能为之足？'遂饮其酒。为蛇足者，终亡其酒。今君相楚而攻魏，破军杀将得八城，不弱兵，欲攻齐，齐畏公甚，公以是为名足矣，官之上非可重也。战无不胜而不知止者，身且死，爵且后归，犹为蛇足也。"

昭阳以为然，解军而去。

（选自《战国策·齐策二》）

现在我就准备为大王唱吴歌

——以事说理，明白晓畅

楚国与齐国绝交后，齐国发兵攻打楚国。

陈轸对楚怀王说：“大王不如把土地送给东边的齐国以求得和解，然后再跟西边的秦国讲和。”

于是，楚怀王派陈轸出使秦国。

秦惠王对陈轸说：“贤卿本来是寡人的臣子，可惜由于寡人不识人才，处理国家大事又不够周详，以致贤卿离开寡人而去辅佐楚王。如今齐、楚两国开战，有人说救援齐国有利，也有人说不救援齐国有利。贤卿为什么不在为楚国考虑之余，也为寡人出一点儿主意呢？”

陈轸说：“大王听说过吴国人在楚国做官的故事吗？楚王很喜欢这位客卿，可是当这位客卿因病卧床，楚王却说：‘是真的生病呢，还是思念吴国呢？’左右侍臣回答：‘我们也不知道他是不是思念家乡。假如真是思念家乡的话，那他就要唱吴歌了。’现在我就准备为大王唱吴歌了。

“大王有没有听过管与的故事？有两只老虎，因为争吃人肉而打斗起来。管庄子准备去杀死这两只老虎，可是管与制止他说：‘两虎相争，必有一伤。小虎必然因斗败而死，大虎也必然因苦斗而受伤，您还是等着去杀那只受伤的大虎吧！’如今，齐、楚两国既然正在苦战，双方就必有伤亡。那时，大王再施以救援，既能获得救齐的利益，而又没有攻楚的损失。”

【人物小传】

陈轸，战国时期纵横家。陈轸的一生大体上经历了齐、秦、楚三国的官场。在齐国，陈轸凭借三寸不烂之舌为齐国退去楚国大军。在秦国，张仪几次要陷害他，都被他用讲故事的方式巧妙地化解危机。在楚国，陈轸向楚王献缓兵之计，挫败了韩国联合秦国攻打楚国的阴谋。

【点评】

陈轸没有正面回答秦惠王的问题，而是讲了两个故事。第一个故事说明了他的立场：他如今来到秦国，向秦惠王献计献策，是发自真心，就像生病的人思念故乡时会唱家乡小曲。第二个故事是解释他给秦惠王出的主意，他用浅显易懂的故事将深奥的策略解释得直观明了。我们在说话时，也可以采取讲故事的形式，把那些深奥的道理形象化，让人更容易理解。

【原典】

楚绝齐，齐举兵伐楚。

陈轸谓楚王曰：“王不如以地东解于齐，西讲于秦。”

楚王使陈轸之秦。

秦王谓轸曰："子，秦人也，寡人与子故也，寡人不佞，不能亲国事也，故子弃寡人，事楚王。今齐、楚相伐，或谓救之便，或谓救之不便，子独不可以忠为子主计，以其余为寡人乎？"

陈轸曰："王独不闻吴人之游楚者乎？楚王甚爱之，病，故使人问之，曰：'诚病乎？意亦思乎？'左右曰：'臣不知其思与不思，诚思则将吴吟。'今轸将为王吴吟。王不闻夫管与之说乎？有两虎诤人而斗者，管庄子将刺之，管与止之曰：'虎者，戾虫；人者，甘饵也。今两虎诤人而斗，小者必死，大者必伤。子待伤虎而刺之，则是一举而兼两虎也。无刺一虎之劳，而有刺两虎之名。'齐、楚今战，战必败。败，王起兵救之，有救齐之利，而无伐楚之害。"

（选自《战国策·秦策二》）

息壤之约就在那里，请大王相信我

——征引故事，委婉警示

有一天，秦武王对甘茂说：“我现在正计划着往东出兵直取三川之地，取代周室。如果能实现，即使我死了也可以永垂不朽。”

甘茂作揖后说：“大王，派我去魏国吧，让我来说服他们联手攻打韩国。”秦武王便叫向寿陪着他去。

甘茂到魏国之后，对向寿说：“你回去替我报告大王，说魏王已答应我的请求，但希望大王先不要着急出兵。这件事如果办成了，你是头功。”向寿回到秦国将此事原原本本地禀报了秦武王，秦武王听了之后便到息壤这个地方迎接甘茂。

秦武王一见到甘茂，就问他不发兵的原因。甘茂说：“大王莫急。我听说，张仪立了很多功，但是诸侯们很少有夸赞他的，都是称颂先王贤明。当年，魏文侯派乐羊去攻打中山，用了三年才攻下来。乐羊回到魏国后，得意扬扬地炫耀自己的战功，可是魏文侯拿出了整整一箱大臣们参他的奏折。乐羊跪在魏文侯面前，说：‘大王圣明，这次的成功，完全是大王您的功劳啊！’现在的我，只不过是客居在秦国的人，如果在我攻打宜阳时，国内的大臣非议我，一旦大王听信谗言，那就适得其反了啊。

“从前，有个杀人犯和曾参同名同姓。有一天，有个人慌慌张张地跑去告诉曾参的母亲：‘你儿子曾参杀人了！’曾参的母亲说：‘你净说胡话，我的儿子才不会杀人。’说完她继续织着布。过了一会儿，另外一个人也慌慌张张地跑来说：‘你儿子曾参杀人了！’听完后，曾参的母亲仍然继续织布。接着又过了一会儿，又有一个人跑过来说：‘你儿子曾参杀人了！’曾参的母亲这时候惊恐万分，扔下梭子就翻墙逃跑了。

“大王，就连曾参这样的贤人，他母亲对他都不能完全信任。现在我的德行远不如曾子，大王信任我又不如曾子的母亲信任曾子，大王身边想诬陷我的也不止三人，我担心大王不能一如既往地支持我！”

秦武王听到这里，神情严肃，目光坚定地说：“放心吧，我不会听别人的胡说八道，让我们来个君子之约吧！”于是秦武王便与甘茂在息壤订下了盟约。

后来甘茂去攻打宜阳，五个月了还未攻下来，于是樗里疾和公孙衍两个人便在秦武王面前诽谤甘茂，秦武王听多了之后便召回了甘茂。

甘茂见到秦武王后说："大王，息壤之约就在那里，请大王相信我！"秦武王这才又坚定地让甘茂继续担任指挥，直到最终攻克宜阳。

【点评】

甘茂有过人的预判能力，他担心自己在远离君王的时候被人算计，于是就提前跟秦武王表明了忠心。他征引曾子的故事，借此指出，就连曾子那样德行高尚的人，他的亲生母亲尚且不能做到完全信任他，而甘茂跟国君本来就没有任何血缘关系，倘若有小人离间，那么关系自然会疏远，到时候甘茂就算是有天大的能耐，也无处发挥。甘茂巧引故事，终于说服了秦武王，取得了秦武王的信任，自己也得以立下功勋而名垂青史。

【原典】

秦武王谓甘茂曰："寡人欲车通三川，以窥周室，而寡人死不朽乎？"甘茂对曰："请之魏，约伐韩。"王令向寿辅行。甘茂至魏，谓向寿："子归，告王曰：'魏听臣矣，然愿王勿攻也。'事成，尽以为子功。"向寿归以告王，王迎甘茂于息壤。

甘茂至，王问其故。对曰："……臣闻张仪西并巴蜀之地，北取西河之外，南取上庸，天下不以为多张仪而贤先王。魏文侯令乐羊将，攻中山，三年而拔之，乐羊反而语功，文侯示之谤书一箧，乐羊再拜稽首曰：

'此非臣之功，主君之力也。'……昔者曾子处费，费人有与曾子同名族者而杀人，人告曾子母曰：'曾参杀人。'曾子之母曰：'吾子不杀人。'织自若。有顷焉，人又曰：'曾参杀人。'其母尚织自若也。顷之，一人又告之曰：'曾参杀人。'其母惧，投杼逾墙而走。夫以曾参之贤，与母之信也，而三人疑之，则慈母不能信也。今臣之贤不及曾子，而王之信臣又未若曾子之母也，疑臣者不适三人，臣恐王为臣之投杼也。"王曰："寡人不听也，请与子盟。"于是与之盟于息壤。

果攻宜阳，五月而不能拔也。樗里疾、公孙衍二人在，争之王，王将听之，召甘茂而告之。甘茂对曰："息壤在彼。"王曰："有之。"因悉起兵，复使甘茂攻之，遂拔宜阳。

（选自《战国策·秦策二》）

阁下的功勋比武安君如何

——对比分析，晓以利害

文信侯吕不韦想联合燕国攻打赵国，便派刚成君蔡泽在燕国为臣。三年之后，燕太子丹到秦国做了人质。为了进一步与燕国联合，文信侯想派秦人张唐到燕国为相。

张唐听后有点儿不高兴，沉着脸作揖推辞说："还请君侯明鉴。不是我不愿意去，只是到燕国得经过赵国，我得罪过赵王，他正通缉我呢。"文信侯无奈地让他退下了，但心里很不高兴。

少庶子甘罗问："君侯为什么这样不高兴呢？"文信侯生气地说："我派刚成君蔡泽在燕国隐忍了几年，成功地让太子丹入朝做了人质。现在我想请张唐到燕国做相国，他竟推辞不去！"甘罗说："君侯息怒，我有办法让他去。"文信侯听罢更加生气，厉声呵斥道："我亲自说他都不答应，你能有什么办法？"甘罗说："古时项橐七岁时即为孔子师，我今年已十二岁了，君侯为何不让我去试一试却呵斥我呢！"

于是，甘罗便去拜谒张唐。甘罗问道："阁下的功勋跟武安君相比的话怎么样？”张唐微微一笑说：“武安君战功赫赫，我肯定比不过他。”甘罗问：“您果真自知不如？”张唐答道：“我当然知道。”甘罗又问：“当年的应侯与今日的文信侯相比，哪一个权势更大？”张唐说：“应侯应该比不过文信侯。”甘罗问：“您可当真？”张唐说：“是的。”甘罗于是接着说：

“当年应侯要去攻打赵国，武安君万般阻拦，最后落得个绞刑。现在文信侯亲自请您去燕国为相，阁下却执意不肯，我不知道阁下将来身死何地啊！”张唐听罢，说道：“那就再麻烦你跟文信侯通报一声，说我张唐愿意接受这一使命。”说罢，张唐便让人准备车马盘缠，以便择日起程。

【点评】

面对张唐的推辞，文信侯无计可施。甘罗在劝说张唐时，先将应侯与文信侯进行对比，让张唐认清文信侯的权势；然后告诉他顺者昌、逆者亡的道理，使其改变心意，乖乖就范。

【原典】

文信侯欲攻赵以广河间，使刚成君蔡泽事燕三年，而燕太子质于秦。文信侯因请张唐相燕，欲与燕共伐赵，以广河间之地。张唐辞曰：“燕者必径于赵，赵人得唐者，受百里之地。”文信侯去而不快。少庶子甘罗曰：“君侯何不快甚也？”文信侯曰：“吾令刚成君蔡泽事燕三年，而燕太子已入质矣。今吾自请张卿相燕，而不肯行。”甘罗曰：“臣行之。”文信侯叱去曰：“我自行之而不肯，汝安能行之也？”甘罗曰：“夫项橐生七岁而为孔子师，今臣生十二岁于兹矣，君其试臣，奚以遽言叱也！”

甘罗见张唐曰：“卿之功，孰与武安君？”唐曰：“武安君战胜攻取，不知其数；攻城堕邑，不知其数。臣之功不如武安君也。”甘罗曰：“卿明知功之不如武安君欤？”曰：“知之。”“应侯之用秦也，孰与文信侯专？”曰：“应侯不如文信侯专。”曰：“卿明知为不如文信侯专欤？”曰：“知之。”甘罗曰：“应侯欲伐赵，武安君难之，去咸阳七里，绞而杀之。今文信侯自请卿相燕，而卿不肯行，臣不知卿所死之处矣！”唐曰：“请因孺子而行！”令库具车，厩具马，府具币，行有日矣。

（选自《战国策·秦策五》）

韩国还没有到危急时刻

——一语道破，直陈利弊

楚军包围韩国雍氏城已经五个多月了，韩襄王派了很多使者向秦国求救，使者车辆络绎不绝，可是秦军还是没来。

韩襄王派张翠出使秦国。张翠假称自己有病，每天只走一个县。张翠到了秦国后，甘茂说："韩国形势已经很危急了，先生竟抱病前来。"张翠说："韩国还没有到危急时刻，只是快危急了而已。"甘茂说："秦国是大国，秦王更是聪慧圣明，韩国的形势无所不知。现在先生却说韩国并不危急，这样说合适吗？"张翠说："韩国一旦危急就转向投靠楚国了，我怎么还敢来秦国？"甘茂说："先生不用再说了。"

甘茂进宫对秦昭王说："公仲侈执掌韩国权柄，以为能够得到秦国的援助，所以才敢抵御楚国。现在雍氏被围攻，而我们不肯去援救，这就势必要失去韩国。这样，公仲侈就会痛心疾首而不理朝政，公叔就会趁机让韩国向南去跟楚国讲和。楚国和韩国结为一体，魏国就不敢不听从，这样一来，楚国就可以用这三个国家的力量来图谋秦国，最后可能演化为共同进攻秦国。到底是坐等别人来进攻有利，还是主动进攻别人有利呢？”秦昭王说：“你说得对。”于是秦军从崤山出兵救韩，楚国很快从韩国撤军了。

【点评】

为了让秦王出兵援救自己的国家，张翠一语道破，直陈利弊，让秦王明白唇亡齿寒的道理，从而甘愿出兵。

【原典】

楚围雍氏五月。韩令使者求救于秦，冠盖相望也，秦师不下崤。……

韩王遣张翠。张翠称病，日行一县。张翠至，甘茂曰：“韩急矣，先生病而来。”张翠曰：“韩未急也，且急矣。”甘茂曰：“秦重国知王也，韩之急缓莫不知。今先生言不急，可乎？”张翠曰：“韩急则折而入于楚矣，臣安敢来？”甘茂曰：“先生毋复言也。”

甘茂入，言秦王曰：“公仲柄得秦师，故敢捍楚。今雍氏围，而秦师不下崤，是无韩也。公仲且抑首而不朝，公叔且以国南合于楚。楚、韩为一，魏氏不敢不听，是楚以三国谋秦也。如此，则伐秦之形成矣。不识坐而待伐，孰与伐人之利？”秦王曰：“善。”果下师于崤以救韩。

（选自《战国策·韩策二》）

经鬼魅而见天帝，我岂能久留

——巧喻而言，弦外有音

苏秦来到楚国游说楚王加入合纵联盟。当时楚国和秦国关系很好，同时楚国内部各种势力纷争不断，所以三个月之后，苏秦才见到楚王。

交谈结束后，苏秦便向楚王辞行。楚王对苏秦说道："先生的大名，我早就听说了，现在您不远千里而来，应该让我多招待些日子，怎么又不肯久留呢？"

苏秦答道："楚国的粮食比宝玉还贵，柴禾的价格高于桂树，通报者如鬼魅般难以见面，大王似天帝般难以见面。如今让我把宝玉当粮食吃，把桂树枝当柴禾烧，通过鬼魅来见天帝，我岂能久留呢？"

楚王笑了笑，说："先生赶紧回去休息吧！我知道您的意思了。"

【人物小传】

苏秦（？—前284），字季子，战国时期著名的纵横家。相传，苏秦师从鬼谷子，但是出山后游说诸侯不利，于是苦心钻研《太公阴符》，学成后一举说动六国诸侯合纵，身佩六国相印。合纵联盟破裂后，苏秦主要活动于齐、燕两国。在齐国任客卿时，苏秦被刺客刺伤，伤重而亡。

【点评】

苏秦借米珠薪桂之喻，把不愿久留的原因解释成楚国都城物价过高，这是抱怨楚国生活的艰辛。同时，苏秦还巧妙地给那些阻拦合纵的人贴了一个“鬼魅”的标签，暗指自己在楚国受到了怠慢。寥寥数语，便点醒楚王，足见苏秦的机智善辩。

【原典】

苏秦之楚，三月乃得见乎王。谈卒，辞而行。楚王曰：“寡人闻先生，若闻古人；今先生乃不远千里而临寡人，曾不肯留，愿闻其说。”对曰：“楚国之食贵于玉，薪贵于桂，谒者难得见如鬼，王难得见如天帝。今令臣食玉炊桂，因鬼见帝。”王曰：“先生就舍，寡人闻命矣。”

（选自《战国策·楚策三》）

送您百金，不如送您几句话

——借古鉴今，单刀直入

燕国发生饥荒，赵国准备趁火打劫，攻打燕国。

楚国派一名将军出使燕国，途经魏国时见到了赵恢。

赵恢对楚国将军说：“防患胜于救灾。所以有远见的人都想方设法防患于未然。现在，我与其送您百金，不如送您几句有用的话。您如果听我的话，就去这样劝说赵王：过去吴国趁着齐国闹饥荒，北上伐齐。可是没有等到伐齐成功，弱小的越国就趁吴国内部空虚，出兵打败吴国，从而称霸一方。现在大王要攻打燕国，也是因为燕国在闹饥荒。我看征伐燕国未必能获胜，而强大的秦国可能乘机出兵进攻赵国。这是让赵国重蹈当年吴国的覆辙，希望大王认真考虑。”

于是楚国的将军就把赵恢的这番话转述给赵王，赵王便打消了攻打燕国的念头。

燕昭王听说这件事后，就把土地封赏给这位楚国的将军。

【人物小传】

燕昭王（？—前279），姬姓，燕氏，名职，战国时期燕国第三十九任君主。燕王哙之子，曾经在韩国做人质，子之之乱平定后，由赵武灵王派重兵护送回国即位。燕昭王即位后招贤纳士，在位期间联合五国攻齐，大破齐军，造就了燕国的一时盛世。

【点评】

赵恢博古通今，他用历史的经验启示今人，提醒今人要牢记前车之鉴。虽然说的是陈年往事，但是话锋直指当前，具有无可辩驳的说服力。

【原典】

燕饥，赵将伐之。

楚使将军之燕，过魏，见赵恢。

赵恢曰："使除患无至，易于救患。伍子胥、宫之奇不用，烛之武、张孟谈受大赏。是故谋者皆从事于除患之道，而先使除患无至者。今予以百金送公也，不如以言。公听吾言而说赵王曰：'昔者吴伐齐，为其饥也，伐齐未必胜也，而弱越乘其弊以霸。今王之伐燕也，亦为其饥也，伐之未必胜，而强秦将以兵承王之西，是使弱赵居强吴之处，而使强秦处弱越之所以霸也。愿王之熟计之也。'"

使者乃以说赵王，赵王大悦，乃止。

燕昭王闻之，乃封之以地。

（选自《战国策·燕策二》）

大王听说过平民是怎样发怒的吗

——先礼后兵，针锋相对

秦王派人对安陵君说：“我想用方圆五百里的土地交换安陵，安陵君一定要答应我啊！”安陵君对使者说：“大王给予恩惠，用大的地盘交换我们小的地盘，这再好不过了。但是安陵是我从先王那儿继承的封地，我还是愿意一生守护它，不敢交换！”秦王听到后很不高兴。于是安陵君就派遣唐雎出使秦国。

秦王对唐雎说：“我用方圆五百里的土地交换安陵这个地方，安陵君却不愿意，这是为什么？韩国、魏国已经灭亡，安陵之所以能凭借方圆五十里的土地幸存下来，是因为我把安陵君看作忠厚的长者，没打他的主意。现在我拿出十倍的土地，让安陵君扩大自己的领土，但是安陵君却违背我的意愿。他是看不起我吗？”唐雎回答：“不，并不是这样的。安陵君从先王那里继承了封地，只想守护它，即使是方圆千里的土地也不愿交换，何况只是五百里的土地呢？”

秦王勃然大怒，对唐雎说：“先生听说过天子发怒的情景吗？”唐雎回答：“我未曾听说过。”秦王说：“天子发怒，会有百万尸体倒下，鲜血流淌千里。”唐雎说：“大王听说过平民是怎样发怒的吗？”秦王说：“平民发怒，不过就是摘掉帽子，光着脚，把头往地上撞罢了。”唐雎说：“这是平庸无能的人发怒，不是有才能有胆识的人发怒。专诸刺杀吴王僚的时候，彗星的尾巴扫过月亮；聂政刺杀韩傀的时候，一道白光直冲上太阳；要离刺杀庆忌的时候，苍鹰扑到宫殿上。他们三个人都是平民中有才能有胆识的人，心里的愤怒还没发作出来，上天就降示了吉凶的征兆。专诸、聂政、要离再加上我，这就是四个人了。假若有胆识有能力的人要发怒，那么就可以看到有两具尸体倒下，五步之内将淌满鲜血，天下百姓会因此穿丧服，而今天的情形就是这样了。”说完，唐雎挺剑而起。

秦王吓得变了脸色，直起身子，向唐雎道歉说：“先生请坐，何至于到这种地步！我明白了：韩国、魏国灭亡，安陵却能凭借方圆五十里的土地保全下来，就是因为有先生您在啊！”

【人物小传】

唐雎，战国时期魏国人，著名的策士。唐雎为人有胆有识，不畏强权。他出使秦国，冒着生命危险和秦王抗争，最终打消了秦王想要吞并安陵的念头。

【点评】

唐雎作为安陵国使臣，在面对强大的秦王时，为了自己国家的利益，不惜句句紧逼，最终使秦王无计可施。

唐雎在刚开始时采取的是礼貌的回应方式。但是当见到秦王不依不饶、盛气凌人的姿态时，唐雎立即针锋相对，表示要与秦王鱼死网破，这样做既打压了秦王的嚣张气焰，也成功地守住了安陵的土地。

【原典】

秦王使人谓安陵君曰："寡人欲以五百里之地易安陵，安陵君其许寡人！"安陵君曰："大王加惠，以大易小，甚善。虽然，受地于先王，愿终守之，弗敢易！"秦王不说。安陵君因使唐雎使于秦。

秦王谓唐雎曰："寡人以五百里之地易安陵，安陵君不听寡人，何也？且秦灭韩亡魏，而君以五十里之地存者，以君为长者，故不错意也。今吾以十倍之地，请广于君，而君逆寡人者，轻寡人与？"唐雎对曰："否，非若是也。安陵君受地于先王而守之，虽千里不敢易也，岂直五百里哉？"

秦王怫然怒，谓唐雎曰："公亦尝闻天子之怒乎？"唐雎对曰："臣未尝闻也。"秦王曰："天子之怒，伏尸百万，流血千里。"唐雎曰："大王尝闻布衣之怒乎？"秦王曰："布衣之怒，亦免冠徒跣，以头抢地耳。"唐雎曰："此庸夫之怒也，非士之怒也。夫专诸之刺王僚也，彗星袭月；聂政之刺韩傀也，白虹贯日；要离之刺庆忌也，仓鹰击于殿上。此三子者，皆布衣之士也，怀怒未发，休祲降于天，与臣而将四矣。若士必怒，伏尸二人，流血五步，天下缟素，今日是也。"挺剑而起。

秦王色挠，长跪而谢之曰："先生坐！何至于此！寡人谕矣：夫韩、魏灭亡，而安陵以五十里之地存者，徒以有先生也。"

（选自《战国策·魏策四》）

众人皆来问孝，答案却不止一个
——因材施教，各有不同

有一天，孔子在鲁国大夫孟懿子家做客。孟懿子恭敬地向孔子请教，到底什么样的行为才能称得上孝敬父母。孔子告诉他：“孝敬父母，不要违背礼法即可。”

孔子告别了孟懿子，在回家的路上，弟子樊迟为孔子驾车，孔子就和樊迟聊起这件事：“孟懿子问我什么是孝道，我回答他说‘不要违背礼法’。”樊迟不太明白其中的深意，就向孔子请教。孔子说：“也就是说，父母活着的时候，要依礼来侍奉他们；父母过世了，就按照礼法来安葬他们、祭祀他们。”

没多久，孟懿子的儿子孟武伯也跑来向孔子请教如何孝敬父母。孔子看着这个初出茅庐的年轻人，说：“你呀，只需要做到除了疾病之外，没有什么其他让他们担忧的就可以了。”

子游听说老师向孟孙氏父子讲孝，也想知道什么是孝道，就专门过来请教老师。孔子说：“我听说，如今的人觉得孝敬不过就是养活父母而已。狗和马之类的家畜，人们也养活它们。如果不怀着敬顺父母的孝子之心，赡养父母和饲养家畜，又有

什么区别呢？”

过了不久，另一位学生子夏也来向孔子请教同样的问题。孔子语重心长地对子夏说：“卜商啊，我知道你一向在行动上非常孝敬父母。但是，要做到和颜悦色地侍奉父母却很难。自己代父母跑腿，让父母先享用酒食，这还远远算不上孝啊！”

【点评】

孔子作为一名伟大的教育家，秉持“因材施教”的原则。对孟懿子强调要以礼孝亲，是因为当时鲁国当权者孟孙氏经常僭越礼制；对孟武伯的回答，则是缘于他冒进而常常令父母担心；子游能供养父母，但是敬爱不足；子夏能侍奉父母，但在父母面前做不到和颜悦色。孔子针对不同情况，对他们进行启发和教诲。

【原典】

孟懿子问孝。子曰：“无违。”

樊迟御，子告之曰：“孟孙问孝于我，我对曰：‘无违。’”樊迟曰：“何谓也？”子曰：“生，事之以礼；死，葬之以礼，祭之以礼。”

孟武伯问孝。子曰：“父母唯其疾之忧。”

子游问孝。子曰：“今之孝者，是谓能养。至于犬马，皆能有养。不敬，何以别乎？”

子夏问孝。子曰：“色难。有事弟子服其劳，有酒食先生馔，曾是以为孝乎？”

（选自《论语·为政》）

五十步笑百步

——善用类比，以理服人

梁惠王对孟子说：“对于国家，我应该算得上是尽心尽力了！有一年黄河以北大旱，我就把那里的百姓往黄河东边迁移，并且命令官员把黄河以东的粮食都运到黄河以北去赈灾。黄河以东大旱的时候，我也是这么做的。我考察邻国的政务，没有一个国君能像我一样对百姓这么用心。奇怪的是，邻国百姓并没有减少，我自己的国家百姓也没有增加，这是什么原因呢？”

孟子回答说：“大王喜好征战，我就用打仗的例子来给大王解释一下。击鼓发兵，两军交锋，一些士兵因为害怕而逃跑。有的人跑了一百步才停下，有的人跑了五十步就停下了。可那些跑了五十步的却在嘲笑那些跑了一百步的，大王您对这件事怎么看呢？”

梁惠王说：“肯定不行啊。都是从战场上逃跑，性质都一样，只不过那些跑五十步的没有跑到一百步罢了，他们没什么区别。”

孟子说："大王如果懂得这个道理，就不要再去盼着自己国家的人口比邻国多了。不违背农时，粮食就吃不完；不把密网放进池塘捕鱼，鱼鳖就不会灭绝；按照季节砍伐树木，那木材便用之不尽。粮食和鱼鳖吃不完，木材用不完，百姓个个丰衣足食，自然就少有怨言。百姓都安居乐业，都很享受现在的生活而没有怨言的话，这就是王道之始了。

"猪狗吃人所吃的食物，贵族们却不加以制止；道路上不时有冻死饿死的百姓，官府却不懂得体恤，不愿意开仓放粮。等到百姓都死了，那些当官的就推脱责任说：'这不是我的罪过，是年成不好造成的。'这种说法和拿着刀子把人杀死后，却说杀死人的不是自己而是兵器，有什么区别呢？大王如果不怪罪于年成不好，那么天下的百姓都会前来归顺。"

【点评】

对于梁惠王提出的问题，孟子没有马上正面回答，而是用梁惠王熟悉的战争之事来回应，这显然有助于梁惠王深刻理解孟子的话。孟子还善用类比，他先是用五十步笑百步的例子，然后又举出用刀杀人而将罪过怪到刀上的例子，生动形象地说明了推行王道的重要性。

【原典】

梁惠王曰："寡人之于国也，尽心焉耳矣。河内凶，则移其民于河东，移其粟于河内。河东凶亦然。察邻国之政，无如寡人之用心者。邻国之民不加少，寡人之民不加多，何也？"

孟子对曰："王好战，请以战喻。填然鼓之，兵刃既接，弃甲曳兵而走。或百步而后止，或五十步而后止。以五十步笑百步，则何如？"

曰："不可！直不百步耳，是亦走也。"

曰："王如知此，则无望民之多于邻国也。不违农时，谷不可胜食也；数罟不入洿池，鱼鳖不可胜食也；斧斤以时入山林，材木不可胜用也。谷与鱼鳖不可胜食，材木不可胜用，是使民养生丧死无憾也。养生丧死无憾，王道之始也。

……

"狗彘食人食而不知检，涂有饿莩而不知发。人死，则曰：'非我也，岁也。'是何异于刺人而杀之，曰：'非我也，兵也。'王无罪岁，斯天下之民至焉。"

（选自《孟子·梁惠王上》）

独乐与众乐，哪个更快乐

——层层诱导，步步深入

一天，齐国大臣庄暴拜见孟子。他说："我被大王召见，大王告诉我他喜欢欣赏音乐，我一时不知该怎么回答他。您说大王喜爱音乐究竟好不好呢？"

孟子听后非常淡然地说："大王如此喜欢音乐，想必齐国一定能治理得好了！"

过了几日，孟子拜见齐宣王，问道："大王曾经告诉庄暴，说您喜爱音乐，有这回事吗？"

齐宣王听了不好意思地说："我喜爱的并不是古代帝王留下的雅乐，只是一些世俗流行的音乐罢了。"

孟子说："大王要是真心喜爱音乐，想必齐国一定能治理得很好！因为无论是古乐还是现在流行的音乐，都是一样的啊。"

齐宣王说："能给我说说这其中的道理吗？"

孟子说："一个人独自欣赏音乐更快乐，还是跟别人一起欣赏音乐更快乐？"

齐宣王说："当然是跟别人一起欣赏音乐更快乐。"

孟子说："跟少数人一起欣赏音乐更快乐，还是跟多数人一起欣赏音乐更快乐？"

齐宣王说："当然是跟多数人一起欣赏音乐更快乐。"

孟子说："好，那让我来为大王讲讲娱乐之道吧！假如大王在此奏乐，百姓们听到鸣钟击鼓、吹箫奏笛的声音，都愁眉苦脸地相互诉苦说：'咱们大王如此喜好音乐，却为什么要使我们落到这般地步呢？父亲和儿子不能相见，兄弟、妻儿分离流散。'假如大王在此围猎，百姓们听到车马的喧嚣声，见到仪仗的华丽，都愁眉苦脸地相互诉苦说：'咱们大王喜好围猎，却为什么要使我们落到这般地步呢？父亲和儿子不能相见，兄弟、妻儿分离流散。'这没有别的原因，是君王不和民众一起娱乐的缘故。

"假如大王在此奏乐，百姓们听到鸣钟击鼓、吹箫奏笛的声音，都眉开眼笑地相互转告说：'咱们大王大概没有疾病吧，要不怎么能奏乐呢？'假如大王围猎，百姓们听到车马的喧嚣声，见到仪仗的华丽，都眉开眼笑地相互转告说：'咱们大王大概没有疾病吧，要不怎么能围猎呢？'这没有别的原因，是君王和民众一起娱乐的缘故。如果大王能和百姓们同乐，那就可以用王道统一天下了。"

【点评】

孟子口若悬河，他善于运用引君入瓮式的诱导和贴切生动的比喻来说服对方，本篇故事就是典型的例子之一。孟子没有直接批评齐宣王对人民疾苦缺乏体恤之心，而是从齐宣王喜欢音乐一事切入，层层诱导，步步深入，让齐宣王在不知不觉中明白了“与民同乐”的重要性，巧妙地宣扬了自己的仁政主张。

【原典】

庄暴见孟子，曰：“暴见于王，王语暴以好乐，暴未有以对也。”曰：“好乐何如？”孟子曰：“王之好乐甚，则齐国其庶几乎！”

他日，见于王曰：“王尝语庄子以好乐，有诸？”王变乎色，曰：“寡人非能好先王之乐也，直好世俗之乐耳。”曰：“王之好乐甚，则齐其庶几乎！今之乐由古之乐也。”曰：“可得闻与？”曰：“独乐乐，与人乐乐，孰乐？”曰：“不若与人。”曰：“与少乐乐，与众乐乐，孰乐？”曰：“不若与众。”

“臣请为王言乐。今王鼓乐于此，百姓闻王钟鼓之声，管籥之音，举疾首蹙頞而相告曰：‘吾王之好鼓乐，夫何使我至于此极也？父子不相见，兄弟妻子离散。’今王田猎于此，百姓闻王车马之音，见羽旄之美，举疾首蹙頞而相告曰：‘吾王之好田猎，夫何使我至于此极也？父子不相见，兄弟妻子离散。’此无他，不与民同乐也。

“今王鼓乐于此，百姓闻王钟鼓之声，管籥之音，举欣欣然有喜色而相告曰：‘吾王庶几无疾病与，何以能鼓乐也？’今王田猎于此，百姓闻王车马之音，见羽旄之美，举欣欣然有喜色而相告曰：‘吾王庶几无疾病与，何以能田猎也？’此无他，与民同乐也。今王与百姓同乐，则王矣。”

（选自《孟子·梁惠王下》）

狗性等于牛性，牛性等于人性

——合理推论，举出反例

一天，告子和孟子就人本性之善恶争论了起来。

年轻气盛的告子率先说道：“人的本性好比那杞柳，仁义好比那杯盂。枝条柔软的杞柳，经人加工才能制成杯盂。同样的道理，人的本性也需要像杞柳那样经过加工，才能变得有仁义。至于人性本身，是无所谓善恶的。”

孟子听后，反问道：“那么，您是通过顺应杞柳的本性来制成杯盂呢，还是通过伤害杞柳的本性来制成杯盂呢？如果要伤害杞柳的本性，将它制成杯盂，那么我们也要伤害人的本性，使他变得有仁义吗？您这样的学说，不就等于率领天下的人来祸害仁义，使它背上损伤人性的坏名声吗？”

告子一听，好像是这么回事啊！一阵沉默过后，告子又想出一个例子：“人性就好比湍急的流水，东面开了缺口便向东流去，西面开了缺口便向西流去。人没有善与不善的定性，就好比水没有东流西流的定向。”

孟子清了清嗓子，说：“水诚然没有东流西流的定向，难

道它也没有向上或者向下的定向吗？人性本善，正好像水性向下。人没有不善良的，水没有不向下流的。当然，我们伸手拍水，水花飞溅而起，能高过额头；施力使它倒流，可以引上高山。这难道是水的本性吗？形势使它如此罢了。可以迫使人做坏事，但不能说他的本性就是坏的，而是他的本性因外力改变了而已。”

看了看四周，有点局促的告子说道：“天生的资质叫作性。”

“天生的资质叫作性，好比一切东西的白色叫作白色吗？”孟子反问道。

告子说：“正是如此。”

“白羽毛的白犹如白雪的白，白雪的白犹如白玉的白吗？”

告子说：“是这样，没错。”

孟子微微一笑：“那么，按照您的说法，狗性就等于牛性，牛性就等于人性啦？”

【点评】

在这段言辞交锋中，告子举出了两个例证，证明仁义乃后天养成，人性本来并无善恶可言。孟子敏锐地抓住告子话语中的矛盾，通过合理推论、举出反例等方法，指出了告子言语中的逻辑漏洞。

【原典】

告子曰："性犹杞柳也，义犹桮棬也。以人性为仁义，犹以杞柳为桮棬。"

孟子曰："子能顺杞柳之性而以为桮棬乎？将戕贼杞柳而后以为桮棬也？如将戕贼杞柳而以为桮棬，则亦将戕贼人以为仁义与？率天下之人而祸仁义者，必子之言夫！"

告子曰："性犹湍水也，决诸东方则东流，决诸西方则西流。人性之无分于善不善也，犹水之无分于东西也。"

孟子曰："水信无分于东西，无分于上下乎？人性之善也，犹水之就下也。人无有不善，水无有不下。今夫水，搏而跃之，可使过颡；激而行之，可使在山。是岂水之性哉？其势则然也。人之可使为不善，其性亦犹是也。"

告子曰："生之谓性。"

孟子曰："生之谓性也，犹白之谓白与？"

曰："然。"

"白羽之白也，犹白雪之白；白雪之白，犹白玉之白与？"

曰："然。"

"然则犬之性犹牛之性，牛之性犹人之性与？"

（选自《孟子·告子上》

难道一丁点金子比一车羽毛还重

——以其人之道，还治其人之身

有个任国人问孟子的学生屋庐子：“礼节和吃饭哪样重要？”

屋庐子不假思索地答道：“当然是礼节重要！”

这个人接着问：“娶妻和礼节哪样重要？”

对这个问题，屋庐子的回复也毫不犹豫：“礼节更重要！”

任国人笑了笑，继续说：“先生，您且听我说，假设按照礼节去找吃的，便会饿死；不按照礼节去找吃的，就能得到食物，那还一定要按照礼节去行事吗？假设按照礼节亲自迎娶，就娶不回新娘；不去亲迎，便可以娶到新娘，那还是一定要实行亲迎的礼节吗？”

屋庐子一下子哑口无言。因为这件事情，他辗转反侧，夜不能寐，于是第二天便匆忙启程去邹国拜访他的老师孟子，向他求教应对之法。

孟子听了事情的来龙去脉后，叹息一声，对屋庐子说：“答复这个有什么困难呢？你被这个人牵着鼻子走了，没有注意到问题之根本所在啊！我问你：如果不去度量原来基础的高低是否一致，只比较顶端，拿一块一寸厚的木头放在楼房的房顶，寸把厚的木块是不是就比高楼还高？我们说金子比羽毛重，难道是说一丁点的金子比一大车羽毛还重吗？拿饮食的重要方面和礼节的细枝末节相比，何止于饮食重要？拿婚姻的重要

方面和礼节的细枝末节相比，何止于娶妻重要？

“你不妨这样去答复他吧：‘扭转哥哥的胳膊，抢夺他的食物，就可以得到吃的；不扭转他的胳膊，就得不着吃的，你会去扭吗？偷偷摸摸翻墙到邻居家里，搂抱邻居家的女孩，就可以得到一个妻子；不去搂抱，就娶不到妻子，你会去搂抱吗？’”

【点评】

这段论辩是在一系列的比较中展开的。任国人设置了一个极端的场景：在吃不上饭、娶不上妻子的情况下，是否还要遵守礼的规定？孟子指出，任国人不是在同一基准下进行比较的，这种不对等的比较，自然是诡辩。孟子以诡辩对诡辩，设置了另一个极端场景来回

应他，可谓以其人之道，还治其人之身。

【原典】

任人有问屋庐子曰："礼与食孰重？"

曰："礼重。"

"色与礼孰重？"

曰："礼重。"

曰："以礼食，则饥而死；不以礼食，则得食，必以礼乎？亲迎，则不得妻；不亲迎，则得妻，必亲迎乎？"

屋庐子不能对，明日之邹以告孟子。

孟子曰："于答是也，何有？不揣其本而齐其末，方寸之木可使高于岑楼。金重于羽者，岂谓一钩金与一舆羽之谓哉？取食之重者与礼之轻者而比之，奚翅食重？取色之重者与礼之轻者而比之，奚翅色重？往应之曰：'紾兄之臂而夺之食，则得食；不紾，则不得食，则将紾之乎？逾东家墙而搂其处子，则得妻；不搂，则不得妻，则将搂之乎？'"

（选自《孟子·告子下》）

是它没有用，还是你不会用

——寓言说理，意在言外

庄子的好朋友惠施，学问渊博，在政治上也很有雄心。他在魏国曾经得到魏王的赏识，官至丞相，一时间位高权重，春风得意，而他的好朋友庄子则成日逍遥，既不做官，也不愿意替当权者出谋划策。惠施看着好友空有一身才学却无处可施，感到十分可惜，于是他暗自决定，下次见面要婉转地敲打一下庄子。

很快，这个机会来了。这天，惠施和庄子在家中闲聊，惠施装作不经意地随口说起："魏王送了我一颗大葫芦的种子，我种下它后，结出的果实容量足足有五石。可是这么大一个葫芦，用来盛水吧，它却经不起水的重压；割开用来做瓢吧，这么大一个瓢又没有可放的东西。葫芦不是不大，我却认为它没有用处，所以就把它打碎了。"

庄子一听，惠施话里话外意有所指，恐怕就是在劝自己像他一样入世谋个一官半职，做世间那"有用"之人吧。他并没有直接点破惠施的意图，而是回敬道："这样看来，您确实是不善于使用大的东西呀！我给您讲个故事吧。有个宋国人善于制造让手免于龟裂的药物，他家世世代代以漂洗丝絮为生。一个异乡人听说有这种药，愿意出百金的价格来买断他的药方。宋国人把全家喊来一起商量：‘我们家世世代代漂洗丝絮，赚得却很少，现在卖出这个药方就可以得到百金，就卖出去吧！’这个异乡人得到了药方，便启程去吴国游说吴王。恰好越国在边境挑衅吴国，吴王就派他率领军队，冬天和越人水战。多亏了这个药方，吴国的将士们能在冰冷的水中坚持战斗，最后大败越军。吴王就割地封赏这个人。同样是这个使手免于龟裂的药方，有人因它得到封赏，有人却只是用它来漂洗丝絮，这就是使用方法不同啊。现在你有五石大的葫芦，为什么不把它系在腰间，逍遥地浮游在江湖之上，反倒怪它太大，没东西可装呢？可见你的心还是茅塞不通啊！”

【点评】

以寓言说理、善用譬喻是庄子言说的特色之一。这段对话从头到尾都是寓言的交锋：惠施用葫芦之大而无用来规劝庄子不要固守一隅，他所秉持的是一种功利的实用主义精神。庄子举出宋人的例子回敬惠施，表明他心目中的“大用”，与惠施所认为的“有用”，终究不是同一个东西。

【原典】

惠子谓庄子曰：“魏王贻我大瓠之种，我树之成而实五石。以盛水浆，其坚不能自举也；剖之以为瓢，则瓠落无所容。非不呺然大也，吾为其无用而掊之。”

庄子曰：“夫子固拙于用大矣！宋人有善为不龟手之药者，世世以洴澼絖为事。客闻之，请买其方百金。聚族而谋曰：‘我世世为洴澼絖，不过数金。今一朝而鬻技百金，请与之。’客得之，以说吴王。越有难，吴王使之将。冬，与越人水战，大败越人，裂地而封之。能不龟手一也，或以封，或不免于洴澼絖，则所用之异也。今子有五石之瓠，何不虑以为大樽而浮乎江湖，而忧其瓠落无所容？则夫子犹有蓬之心也夫！”

（选自《庄子·逍遥游》）

道在屎溺中

——打破常规，出奇制胜

有一位住在外城东门附近的先生——姑且叫他为东郭子吧，特意拜访庄子，毕恭毕敬地向庄子请教："人们所说的道，究竟在什么地方呢？"

庄子这时正躺在院子里的板凳上晒太阳，他随口说："大道啊，它无所不在！"

东郭子继续毕恭毕敬地请教："您可否具体指出一个它存在的地方？"

庄子一听，眼睛在院里转了一番，然后指着墙下松软的一方泥土说："在蝼蛄和蚂蚁里面。"

东郭子没想到庄子居然这样回答，他惊叫："道怎么会在这样卑下的地方？"

庄子笑嘻嘻地补充道："道还在稊草和稗草里。"

东郭子说："这地方更卑下了呀！"

庄子又说："道还在瓦块和砖头中。"

东郭子通红着脸，追问道："道怎么会在这些卑下的地方？

这太不像样了吧？”

庄子笑吟吟地说：“道还在大小便里呢！”

东郭子听了这话，就不再吭声了。

于是，庄子肃然正坐，收起笑脸，认真地回复东郭子：“先生的提问，本来就没有触及道的本质。我听说，管理市场的官吏问屠夫怎么检查猪的肥瘦，屠夫回答，愈往猪下腿踩就愈能探知肥瘦的真实情况。你不要总想着在特定一个东西里寻找道，万事万物都逃不开道的渗透啊！

“让我们试着一起在什么也没有的地方遨游，用混同一体的眼光来看，宇宙万物的变化无穷无尽。让我们试着一起来顺着这变化，自然无为吧！恬淡而又寂静，广漠而又清虚，调和而又安闲！我的心志寥廓，不知道要到哪儿去，也不知道要停留在哪儿，来来去去，却不知道何处是终点。思想遨游在寥廓的空间，大智的人跟大道相契，而不知道它的究极。造就万物的道跟万物本身并没有界限，而万物之间的界限，就是所谓具体事物的差异。没有界限的界限，乃是界限中的没有界限。

至于盈满、空虚、衰退、减损，道令万物盈满或空虚，而道自身却没有盈满或空虚之别；道令万物衰退或减损，自身却没有衰退或减损的变化；道使得万物有始有终，自身却无始无终；道使得万物积聚或离散，自身却没有积聚或离散。”

【点评】

“道在屎溺”这个说法，是庄子由道无所不在、无所不能而推出的结论。东郭子观念迂腐，庄子故意不按常理出牌，找那些在东郭子看来荒唐而鲜明的例子，冲破他的思想藩篱。庄子用奇特的表达方式引出道存在于万物之中的观点，可谓出奇制胜。

【原典】

东郭子问于庄子曰：“所谓道，恶乎在？”

庄子曰：“无所不在。”

东郭子曰：“期而后可？”

庄子曰：“在蝼蚁。”

曰：“何其下邪？”

曰：“在稊稗。”

曰：“何其愈下邪？”

曰：“在瓦甓。”

曰：“何其愈甚邪？”

曰：“在屎溺。”

东郭子不应。

庄子曰：“夫子之问也，固不及质。正获之问于监市，履狶也，每下愈况。汝唯莫必，无乎逃物。至道若是，大言亦然。周、遍、咸三者，异名同实，其指一也。尝相与游乎无何有之宫，同合而论，无所终穷乎！尝相与无为乎！澹而静乎！漠而清乎！调而闲乎！寥已吾志，无往焉，而不知其所至，去而来，而不知其所止。吾已往来焉，而不知其所终，彷徨乎冯闳。大知入焉，而不知其所穷。物物者，与物无际；而物有际者，所谓物际者也。不际之际，际之不际者也。谓盈虚衰杀，彼为盈虚，非盈虚；彼为衰杀，非衰杀；彼为本末，非本末；彼为积散，非积散也。”

（选自《庄子·知北游》）

穿什么衣服和是否有作为无关

——列举事例，反向证明

公孟子是曾子的弟子，曾子是孔子的弟子。一日，公孟子端正地戴着礼帽，腰间插着笏板，整整齐齐地穿着儒服，去见墨子，问道：“请问先生，君子必须先讲究服饰，然后才有所作为呢，还是先有所作为，然后再讲究服饰？”

墨子瞟了瞟盛装的公孟子，轻描淡写地说：“在我看来，是否有所作为并不在于是否讲究服饰。”

公孟子追问：“您是从何得知的呢？”

墨子说：“从前齐桓公戴着高帽子，系着宽大的带子，佩带金剑和木盾去治理国家，国家得到了治理。从前晋文公穿着粗布衣服，披着羊皮，用牛皮带挂着剑去治理国家，国家得到了治理。从前楚庄王头戴漂亮的帽子，帽子上系着丝带，穿着深红色的宽大袍子去治理国家，国家得到了治理。从前越王勾践剪去头发，身上文着花纹，去治理国家，国家也得到了治理。这四位国君，他们的服饰各有不同，但治理国家却都有成效。我由此得知，是否有作为并不在于服饰如何。”

公孟子听罢，深以为然："您说得确实有道理！我听人说过：'心知善行而不立即施行不吉祥。'请让我放下笏板，取下礼帽，换一身衣服再来拜见您，可以吗？"

墨子笑着摆摆手，说："不必不必！这样见面就行了！如果您非得换一身衣服再来见我，那就是承认有所作为果真在于服饰了。"

【点评】

公孟子向墨子询问服饰和一个人的作为是否有必然联系，墨子给出的答案是没有。为了论证这个观点，他列举了几位服饰各异而治理国家皆卓有成效的君主。如果有作为在于服饰，那么有作为者的服饰就应当有共同之处。现在既然发现有作为者的服饰并没有什么共同点，那么也就从反面证明了有作为不在于服饰。这是一种反向证明的思维逻辑。

【原典】

公孟子戴章甫，搢忽，儒服，而以见子墨子，曰："君子服然后行乎？

其行然后服乎？”

子墨子曰：“行不在服。”

公孟子曰：“何以知其然也？”

子墨子曰：“昔者，齐桓公高冠博带，金剑木盾，以治其国，其国治。昔者，晋文公大布之衣，牂羊之裘，韦以带剑，以治其国，其国治。昔者，楚庄王鲜冠组缨，绛衣博袍，以治其国，其国治。昔者，越王勾践剪发文身，以治其国，其国治。此四君者，其服不同，其行犹一也。翟以是知行之不在服也。”

公孟子曰：“善！吾闻之曰‘宿善者不祥’，请舍忽、易章甫，复见夫子，可乎？”

子墨子曰：“请因以相见也。若必将舍忽、易章甫而后相见，然则行果在服也。”

（选自《墨子·公孟》）

看来您也赞赏有疯病的人

——以浅喻深，类比诱问

有一个叫巫马子的人，听说墨子主张兼爱天下，他有心为难墨子，于是特意到墨子跟前问他：“您主张兼爱天下，可没有给天下人什么利益；我呢，不爱天下，也没有造成什么危害。我们立场不同，但效果都没有显示出来，可您为什么认为自己是正确的，而我是错误的呢？”

墨子没有直接反驳，而是说：“假使现在有人在这里纵火，有两个人看见了，其中一人赶紧去提水，想要尽快把火灭掉，而另一个人呢，他拿了火把过来，想要再加一把火。他们的行为都还没有结果，在两个人之中，您赞成哪一个？”

巫马子想都没想便答道：“在我看来，那个要去浇水的人的用意是对的，而那个要去加火的人的用意是错的。”

墨子微微一笑，回应道：“与此同理，我也认为我兼爱天下的用意是对的，而您不爱天下的用意是错的。”

巫马子又问墨子：“您奉行道义，人不见得敬服您，鬼神不见得赐福于您，然而您却执意如此，患了疯病的人才会这样做吧！”

墨子回复他：“假使您有两个臣子，一个在您面前做事，在您背后就不做事；另外一个则在不在您面前都做事，这两个人，您更看重谁？”

巫马子说：“当然更看重在不在我面前都做事的人。”

墨子笑道：“这样看来，您也赞赏有疯病的人啊。”

【点评】

墨子对巫马子的回复是类比推理的典型例子。面对巫马子的质难，墨子巧妙地引入浅显的类比，诱使巫马子做出相应的回答，从而使巫马子的指责变得自相矛盾，不攻自破。

【原典】

巫马子谓子墨子曰：“子兼爱天下，未云利也；我不爱天下，未云贼也。功皆未至，子何独自是而非我哉？”

子墨子曰：“今有燎者于此，一人奉水将灌之，一人掺火将益之，功皆未至，子何贵于二人？”

巫马子曰：“我是彼奉水者之意，而非夫掺火者之意。”

子墨子曰："吾亦是吾意，而非子之意也。"

……

巫马子谓子墨子曰："子之为义也，人不见而耶，鬼而不见而富，而子为之，有狂疾！"

子墨子曰："今使子有二臣于此，其一人者见子从事，不见子则不从事；其一人者见子亦从事，不见子亦从事，子谁贵于此二人？"

巫马子曰："我贵其见我亦从事，不见我亦从事者。"

子墨子曰："然则，是子亦贵有狂疾也。"

（选自《墨子·耕柱》）

你有三大罪状

——正话反说，荒谬自彰

齐景公让养马人喂养自己心爱的马，结果马突然死了。齐景公知道消息后，大怒，命令处死那个养马人。

恰好晏子在旁边，他并没有立刻制止齐景公，而是说："大王，这个人还不知道自己的罪过在哪里，就这样被处死，未免死得不明不白。请让我历数他的罪过，让他知道自己犯了什么罪，之后再惩治他。"齐景公说："好！那你就来说说他的罪状。"

晏子站到那个养马人面前说道："你有三

大罪状：你为我们大王养马却让马死掉了，这是你的第一重罪。死掉的马是大王最爱的马，这是你的第二重罪。你让大王因为一匹马而杀人，百姓听说后必然会怨恨大王，诸侯听说后必然会轻视我们齐国，这是你的第三重罪。现在把你交给狱吏治罪。”

听到这里，齐景公意识到因为一匹马死掉就杀养马人是不对的，便叹了口气，说道：“先生请放了他吧，别败坏了我仁义的名声。”

【人物小传】

齐景公（？—前490），姜姓，吕氏，名杵臼，春秋时期齐国国君。齐景公在治国上能任用贤臣，在私生活上却又贪图享乐，亲近小人，最终导致齐国走向衰落。

【点评】

晏婴没有直接否定齐景公的做法，而是顺着他的意思，故意正话反说，以此来突显齐景公做法的荒唐，让齐景公意识到自己的错误。晏婴的言辞简短有力，并非长篇大论，却使齐景公幡然醒悟。

【原典】

景公使圉人养所爱马，暴死，公怒，令人操刀解养马者。

是时晏子侍前……晏子曰：“此不知其罪而死，臣为君数之，使知其罪，然后致之狱。”公曰：“可。”

晏子数之曰：“尔罪有三：公使汝养马而杀之，当死罪一也；又杀公之所最善马，当死罪二也；使公以一马之故而杀人，百姓闻之必怨吾君，诸侯闻之必轻吾国，汝杀公马，使怨积于百姓，兵弱于邻国，汝当死罪三也。今以属狱。”

公喟然叹曰：“夫子释之！夫子释之！勿伤吾仁也。”

（选自《晏子春秋·内篇谏上》）

大王，天气真的不冷吗

——了解对方，择机劝谏

齐景公在位时，有一年连着下了三天雪。这天，景公披着白狐狸皮袍，坐在殿堂侧面的台阶上赏雪。

晏子进殿拜见，怕打扰景公，就站在一旁默不作声。过了一会儿，景公说：“这天气真奇怪！一连下了三天雪，却没有一丝寒意。”

晏子听到后，反问景公：“大王，天气真的不冷吗？”

景公只是微微一笑。

晏子接着说：“我听说，古代的圣主，自己吃饱了，却想着还有人在挨饿；自己锦帽貂裘穿得很暖和，却想着还有人在挨冻；自己过得很安逸，却想着还有人在受苦。这么说来，大王想不到这些啊！”

景公点点头说：“说得好！寡人受教了。”于是下令拿出衣服和粮食，发放给饥寒交迫的人。

【点评】

晏子了解齐景公的脾气，善于抓住齐景公的心理，他将齐景公与古代的圣贤明君作比较，以“古之贤君”的做法暗示景公要体察民情。晏子劝说的时候善于利用情境，渲染气氛，并且善于选择劝谏时机，增加了劝说成功的概率。

【原典】

景公之时，雨雪三日而不霁。公被狐白之裘，坐堂侧陛。晏子入见，立有间。公曰：“怪哉！雨雪三日而天不寒。”晏子对曰：“天不寒乎？”公笑。晏子曰：“婴闻古之贤君，饱而知人之饥，温而知人之寒，逸而知人之劳。今君不知也！”公曰：“善！寡人闻命矣。”乃令出裘发粟与饥寒。

（选自《晏子春秋·内篇谏上》）

出使狗国才从狗洞进入

——以子之矛，攻子之盾

齐国晏子作为使者，被派遣出使楚国。楚国都城守门人看晏子个头矮小，就想羞辱晏子，于是打开大门旁边的一个小门洞“请”晏子进去。晏子毫无愠色地对守门人说：“出使狗国的人，才会从大门旁边的狗洞进去。今天我是到楚国来，不应该从这个洞进去。”守门人无法反驳，只好让晏子从大门进去。

楚王一见晏子，说：“难道齐国没有人了吗？”

晏子回答：“齐国都城临淄的人口已经达到了七千五百户，张开袖子能遮阳，挥洒汗水能下雨，比肩接踵来来往往，怎么能说齐国没有人呢？”

楚王说：“既然这样，为什么会打发你来呢？”

晏子回答：“因为齐国派遣使臣有个标准，根据不同的国家选择不同的使臣。如果是一个贤能的人，就会被派遣到贤能的国家去；如果是不贤的人，就会被派遣到不贤的国家去。我晏婴是齐国最不贤的人，只能出使楚国。”

楚王举办宴会，为晏子接风洗尘。正当众人酒酣耳热的

时候，两个小吏绑着一个人走到楚王面前。楚王故意问道：“你们绑的是什么人？”小吏答道：“他是齐国人，因为犯了偷窃罪而被抓起来了。”

楚王看了一眼晏子，说：“齐国人都喜欢偷窃吗？”

晏子站起来说：“我听说，橘子长在淮河以南，结出的果实就是橘；长在淮河以北，人们就叫它枳。橘和枳的叶子十分相似，但果实味道却完全不同。大王知道其中的原因吗？这是因为水土不同啊！这个人生活在齐国不偷盗，来到楚国后却成为偷盗之人，难道是楚国的水土会使他喜欢偷盗吗？”

楚王只好笑着说：“不能同圣人开玩笑啊，弄得我反而自讨没趣了。”

【人物小传】

晏子（约前578—前500），名婴，字平仲。晏子聪明机智，能言善辩，既能内辅国政，屡谏齐王，又能出使他国，维护齐国的尊严，是春秋时期著名的政治家和外交家。

【点评】

使者出使他国时，一言一行代表的是整个国家。面对他国的刁难、侵犯，如果使者一味忍让，就会让人看轻他的国家。晏子清楚这一点，但他在面对楚王和楚国都城守门人的刁难时并没有正面指出对方言语上的荒谬，而是采取“以子之矛，攻子之盾”的方式，让楚王和楚国都城守门人无话可说。晏子以不卑不亢的态度维护了个人尊严，也维护了国家尊严。

【原典】

晏子使楚。楚人以晏子短，为小门于大门之侧而延晏子。晏子不入，曰：“使狗国者，从狗门入。今臣使楚，不当从此门入。”傧者更道，从大门入。

见楚王。王曰：“齐无人耶？”

晏子对曰：“齐之临淄三百闾，张袂成阴，挥汗成雨，比肩继踵而在，何为无人？”

王曰：“然则何为使子？”

晏子对曰：“齐命使，各有所主。其贤者使使贤主，不肖者使使不肖主。婴最不肖，故宜使楚矣！”

晏子将至楚。楚王闻之，谓左右曰：“晏婴，齐之习辞者也。今方来，吾欲辱之，何以也？”左右对曰：“为其来也，臣请缚一人，过王而行。王曰：‘何为者也？’对曰：‘齐人也。’王曰：‘何坐？’对曰：‘坐盗。’”

晏子至，楚王赐晏子酒，酒酣，吏二缚一人诣王。王曰：“缚者曷为者也？”对曰：“齐人也，坐盗。”

王视晏子曰：“齐人固善盗乎？”

晏子避席对曰："婴闻之，橘生淮南则为橘，生于淮北则为枳。叶徒相似，其实味不同。所以然者何？水土异也。今民生长于齐不盗，入楚则盗，得无楚之水土使民善盗耶？"

王笑曰："圣人非所与熙也，寡人反取病焉。"

（选自《晏子春秋·内篇杂下》）

这就是我的官位在您之上的原因啊

——绵里藏针，扭转局面

吴起有一次对商文说：“侍奉君主真是靠命运啊！”

商文说：“您说这话是什么意思呢？”

吴起说：“治理全国、完成教化、改变习俗，使君臣之间有道义，父子之间有次序，在这方面您跟我比谁更强些？”

商文说：“我不如您。”

吴起说：“如果今天我委身为臣，君主的地位就尊贵；如果今天我挂印辞官，君主的地位就轻微，在这方面您跟我比谁更强些？”

商文说：“我不如您。”

吴起说：“兵士战马摆成阵列，战马与人相匹敌，人在马前，拿起鼓槌一击鼓，让三军的兵士视死如归，在这方面您跟我比谁更强些？”

商文说：“我不如您。”

吴起说：“这三样您都不如我，职位却在我之上，侍奉君主真是靠命运啊！”

商文说："好。您问我，我也问问您。世道改变，君主年少，臣子们疑虑重重，百姓们很不安定，遇到这种情况，应该把重任托付给您呢，还是托付给我呢？"

吴起沉默不语，过了一会儿，说："托付给您。"

商文说："这就是我的官位在您之上的原因啊。"

【人物小传】

吴起（？—前381），战国初期著名的军事家。后世把他和孙武合称"孙吴"，所著的《吴子》在中国古代军事典籍中占有重要地位。

【点评】

本文辩论可谓"绵里藏针"。吴起善于用兵，做西河郡守时取得了很高的声望。魏国设置了相位，任命商文做国相，吴起很不高兴，于是有了上文的对话。整篇对话中，吴起只看到自己的长处，没看到自己的短处。面对吴起咄咄逼人的气势，商文指出了自己治国安邦的长处和吴起的短处，让吴起心服口服。

【原典】

吴起谓商文曰："事君果有命矣夫！"商文曰："何谓也？"吴起曰："治四境之内，成训教，变习俗，使君臣有义，父子有序，子与我孰贤？"商文曰："吾不若子。"曰："今日置质为臣，其主安重；今日释玺辞官，其主安轻，子与我孰贤？"商文曰："吾不若子。"曰："士马成列，马与人敌，人在马前，援桴一鼓，使三军之士乐死若生，子与我孰贤？"商文曰："吾不若子。"吴起曰："三者子皆不吾若也，位则在吾上，命也夫事君！"商文曰："善。子问我，我亦问子。世变主少，群臣相疑，黔首不定，属之子乎，属之我乎？"吴起默然不对，少选，曰："与子。"商文曰："是吾所以加于子之上已！"

（选自《吕氏春秋·执一》）

我有这样的道术

——循序渐进，因势利导

宋康王是个喜欢用武力解决问题的人。有一次，有个书生惠盎去拜见宋康王，宋康王对他的谈话极不感兴趣，一会儿跺脚，一会儿大声咳嗽，最后宋康王终于忍不住说：“我喜欢勇武有力的人，不喜欢行仁义的人。客人将有何见教啊？”

惠盎说：“我有这样的道术，使人虽然勇武，却刺不进您的身体；虽然有力，却击不中您。大王难道无意于这种道术吗？”

康王说：“好！这是我想听的。”

惠盎说：“虽然刺不进您的身体，击不中您，但您还是受辱了。我有这样的道术，使人虽然勇武却不敢刺您，虽然有力却不敢攻击您。大王难道无意于这种道术吗？”

康王说：“好！这更是我想知道的。”

惠盎说：“那些人虽然不敢刺、不敢攻击，并不能说明他们没有这样的想法啊。我有这样的道术，使人根本就没有这样的想法。大王难道无意于这种道术吗？”

康王说：“好！这正是我所希望的！”

惠盎说："虽然那些人没有攻击您的想法，但是能够使他们爱您就更好了。我有这样的道术，使他们爱您。大王难道无意于这种道术吗？"

康王说："这当然是我想得到的！"

惠盎说："孔子、墨子就是有这种德行的人。孔子、墨子他们没有领土，却能像君主一样得到尊荣；他们没有官职，却能像长官一样受到尊敬。天下的男子女子没有谁不伸长脖子、踮起脚跟盼望他们，希望他们平安顺利。现在大王您拥有兵车万辆，如果您真有这样的志向，那么四境之内都能得到您的好处，百姓对您的爱戴就会远远超过孔子、墨子了。"

宋康王听到这里无话可答了。

【人物小传】

惠盎，宋国人，惠施的近支族人。宋康王治国谋臣，战国时期的辩客。

【点评】

宋康王崇尚武力，特别喜欢勇武的人。惠盎对他的劝说可谓循序渐进、因势利导，通过四次"我有这样的道术"，层层深入，最后将宋康王和孔子、墨翟进行比较，引导宋康王明白应该以仁政治国的道理。

【原典】

惠盎见宋康王。康王蹀足謦欬，疾言曰："寡人之所说者，勇有力也，不说为仁义者。客将何以教寡人？”惠盎对曰：“臣有道于此：使人虽勇，刺之不入；虽有力，击之弗中。大王独无意邪？”王曰：“善！此寡人所欲闻也。”惠盎曰：“夫刺之不入，击之不中，此犹辱也。臣有道于此：使人虽有勇弗敢刺，虽有力不敢击。大王独无意邪？”王曰：“善！此寡人之所欲知也。”惠盎曰：“夫不敢刺、不敢击，非无其志也。臣有道于此：使人本无其志也。大王独无意邪？”王曰：“善！此寡人之所愿也。”惠盎曰：“夫无其志也，未有爱利之心也。臣有道于此：使天下丈夫女子莫不欢然皆欲爱利之。此其贤于勇有力也，居四累之上。大王独无意邪？”王曰：“此寡人之所欲得也。”惠盎对曰：“孔、墨是也。孔丘、墨翟，无地为君，无官为长。天下丈夫女子莫不延颈举踵，而愿安利之。今大王，万乘之主也，诚有其志，则四境之内皆得其利矣，其贤于孔、墨也远矣。”宋王无以应。

（选自《吕氏春秋·顺说》）

用草茎去敲洪钟，哪里能发出响声

——含蓄暗示，不答为答

晋国的正卿赵简子一向有着知人善任的名声。他听说鲁国的孔子名气很大，于是特意向孔子的弟子子贡打听孔子为人怎么样。子贡回答："我没法知道。"听到这样的回答，赵简子有点不高兴，便质问子贡："您追随夫子也有几十年了，直到学成后才离开他，我问您夫子的为人，您却说不知道，这是为什么？"子贡说："我就像一个口渴的人去饮江海里的水，能喝到水就知足了。夫子就像江海，凭我的见地，又怎么能够完全了解他呢？"赵简子听了这话，连连点头："您说得实在是太妙啦！"

有一次，齐景公和子贡聊天的时候问起："您的老师是谁？"子贡回答："我的老师是仲尼。"景公问："仲尼贤能吗？"子贡说："贤能！"景公说："那他贤能到什么程度呢？"子贡说："不知道。"景公不悦地说："您光说他贤能，却不知道他贤能到什么程度，这怎么能行呢？"子贡从容应道："譬如说天的高度，无论年少年长，聪明愚笨，大家都知道天很高，但天具体有多高呢？大家都说不知道。所以我知道夫子贤能，但不知道他贤能到什么程度。”

赵襄子对孔子说：“夫子已经拜见了七十位君主，但是一直不顺利，不知道这是因为如今这世上没有明君，还是因为夫子您的道在这世上本来就行不通？”孔子没有回答他。几天之后，赵襄子见到孔子的弟子子路，于是满腹牢骚地对子路说：“我曾经向夫子请教过一些关于道的问题，夫子却不回答。如果他知道却不回答，就是有意隐瞒，有意隐瞒哪里称得上是有仁德？如果他确实不知道，又哪里能被称为圣人？”子路听后，对赵襄子说：“安置一口天下最洪亮的钟，却用草茎去敲它，怎么能发出响声呢？您对夫子的提问，不就正像用草茎敲钟吗？”

【点评】

这几个小故事讲述了孔子弟子如何回应外人对孔子的质疑。弟子们的回答都是委婉而含蓄的，他们并没有直接夸耀或吹捧老师，而是摆出谦卑的姿态。如子贡说“譬渴者之饮江海”，巧妙地烘托出了孔子思想的博大高深。他们的回答虽然含蓄，却十分有力。

【原典】

赵简子问子贡曰：“孔子为人何如？”子贡对曰：“赐不能识也。”简子不说，曰：“夫子事孔子数十年，终业而去之，寡人问子，子曰不能识，何也？”子贡曰：“赐譬渴者之饮江海，知足而已。孔子犹江海也，赐则奚足以识之？”简子曰：“善哉！子贡之言也。”

齐景公谓子贡曰：“子谁师？”曰：“臣师仲尼。”公曰：“仲尼贤乎？”对曰：“贤。”公曰：“其贤何若？”对曰：“不知也。”公曰：“子知其贤而不知其奚若，可乎？”对曰：“今谓天高，无少长愚智皆知高，高几何？皆曰不知也。是以知仲尼之贤而不知其奚若。”

赵襄子谓仲尼曰：“先生委质以见人主，七十君矣，而无所通，不识世无明君乎？意先生之道，固不通乎？”仲尼不对。异日，襄子见子路，曰：“尝问先生以道，先生不对。知而不对，则隐也，隐则安得为仁？若信不知，安得为圣？”子路曰：“建天下之鸣钟，而撞之以挺，岂能发其声乎哉？君问先生，无乃犹以挺撞乎？”

（选自《说苑·善说》）

螳螂捕蝉，黄雀在后

——设喻讽谏，寓意深远

吴王寿梦想要攻打楚国，为了堵住进谏者的口舌，他警告左右大臣："谁敢劝阻就处死谁！"

舍人中有个叫少孺子的，想要劝阻吴王却又不敢直接说，于是他拿着弹弓、弹丸在后花园转来转去，露水浸湿了他的衣服，接连三个早上都是如此。

有天清早吴王看到了，觉得很奇怪，就叫来少孺子，问道："你为什么要像这样打湿衣服，却一无所获呢？"

少孺子回答："因为我在院子里观察一个有趣的现象。"

吴王很是好奇，命令少孺子讲讲。

少孺子说："园子里有一棵树，树上有一只蝉。蝉停留于高高的树上，一边放声歌唱，一边快活地吸饮着露水，却不知道有只螳螂在它的身后；螳螂弯曲着身体贴于树上，想扑上去捉蝉，却不知道有只黄雀在自己后面；黄雀伸长脖子想要啄食螳螂，却不知道我正举着弹弓在树下要射它。"

吴王听后沉默了，于是少孺子趁热打铁地进谏说："这三个

家伙，都极力想要得到它们眼前的利益，却没有考虑到它们身后隐伏的祸患啊。”

吴王听罢，说道：“你讲得好啊！”随后取消了这次军事行动。

【点评】

这个故事中，少孺子以“螳螂捕蝉，黄雀在后”为喻，生动确切地说明了人们容易只顾眼前利益，而忽视身后的危机。少孺子借此含蓄婉转地劝谏吴王，使吴王认识到自己决策的失当。

【原典】

吴王欲伐荆，告其左右曰：“敢有谏者死！”舍人有少孺子者，欲谏不敢，则怀丸操弹游于后园，露沾其衣，如是者三旦。吴王曰：“子来，何苦沾衣如此！”对曰：“园中有树，其上有蝉，蝉高居悲鸣饮露，不知螳螂在其后也；螳螂委身曲附，欲取蝉，而不知黄雀在其傍也；黄雀延颈，欲啄螳螂，而不知弹丸在其下也。此三者皆务欲得其前利，而不顾其后之有患也。”吴王曰：“善哉！”乃罢其兵。

（选自《说苑·正谏》）

我不是怕死的人

——循循善诱，以柔克刚

长信侯嫪毐谋反失败后，被秦始皇施以车裂刑罚，太后和长信侯所生的两个儿子也被杀了。最后秦始皇还将太后软禁到萯阳宫，并且下令说：“敢为太后的事情进谏的，全部杀掉。”前前后后因劝谏而死的有二十七个人，他们的尸体就堆积于城门下。

面对这种恐怖局面，来自齐国的客卿茅焦仍前去拜见秦始皇说：“我想为太后之事进谏大王。”茅焦很早就有了声望，所以秦始皇不好直接杀掉他，就命令侍从吓唬他说：“你难道没有见到城门下堆积的尸体吗？”

茅焦毫不畏惧地回答：“我听说天上有二十八星宿，如今已经有二十七个人死掉了，我要是死了，就凑足这个数了。我不是怕死的人！”

听到侍从的回话，秦始皇火冒三丈，说道：“这样的人是故意来违背我的命令的！赶快准备一口大鼎，我要煮了他——这样的人连陈尸城门下的资格都没有！”说完按剑正坐，气势汹汹，让侍从唤茅焦进来。茅焦不肯快走，只一步挨一步地向前挪，以便秦始皇的怒气能减一些。侍从催促他快点儿，茅焦故意装作悲伤地说："我到了那里就要被处死了，难道就不可以让我走慢点儿吗？"

茅焦来到秦始皇面前，行礼后，对秦始皇说："我听说，活着的人不避讳谈论死亡，国君不避讳讨论国家灭亡。人的寿命不会因为害怕死亡而延长，国家不会因为有人避讳说亡国而保存。生死存亡的道理，都是圣明的君王最希望知道的，不知道陛下有兴趣听吗？"

秦始皇问："此话怎讲？"茅焦回答："忠臣不阿谀奉承，明君不违背伦理。现在，陛下有狂妄悖逆的行为，陛下不自知吗？"

秦始皇说："你要讲什么？说来听听。"

茅焦答道："陛下车裂了您的假父，是因为心怀嫉妒；杀死您的两个弟弟，失去了慈善的名声；将母亲软禁于萯阳宫，此乃不孝的行为；杀害进献忠言的大臣，是夏桀、商纣这样的君王才会做得出的暴行。天下人听闻了，只怕人心涣散，再也不会心向秦国了。我真的是担心秦国亡国，担心陛下遭遇危难啊！我的话已经说完了，恳请陛下赐我一死吧！"

说完这番话，茅焦解开衣服，伏于殿下等待受刑。秦始皇听了茅焦的话，深受震动，于是亲自走下殿来，扶起茅焦，说："赦你无罪！先生请起，穿上袍服。我愿意接受先生的教诲。"

【人物小传】

秦始皇(前259—前210),嬴姓,赵氏,名政。秦始皇在位期间,依靠秦国的强大国力,完成统一大业,建立了中国历史上第一个中央集权的封建国家。

【点评】

秦始皇在诛假父、杀二弟、迁生母后,为了彰显自己的权威又连杀二十多位进谏的大臣,这个时候茅焦来进谏,是冒着极大的风险的。但茅焦见到秦始皇后并未直接谈及太后,而是先引入"生死存亡的道理,都是圣明的君王最希望知道的"这一话题,以缓解对方的怒气,再从容讲述自己的观点。茅焦循循善诱,以柔克刚,最终说服了秦始皇。

【原典】

毐败。始皇乃取毐四肢车裂之,取其两弟囊扑杀之,取皇太后迁之于萯阳宫,下令曰:"敢以太后事谏者,戮而杀之!从蒺藜其脊肉、干四肢,而积之阙下。"谏而死者二十七人矣。

齐客茅焦乃往上谒曰:"齐客茅焦愿上谏皇帝。"皇帝使使者出问:"客得无以太后事谏也?"茅焦曰:"然。"使者还白曰:"果以太后事谏。"皇帝曰:"走往告之:'若不见阙下积死人邪?'"

使者问茅焦,茅焦曰:"臣闻之,天有二十八宿,今死者已有二十七人矣,臣所以来者,欲满其数耳。臣非畏死人也。"走入白之。茅焦邑子,同食者尽负其衣物行亡。

使者入白之,皇帝大怒曰:"是子故来犯吾禁,趣炊镬汤煮之,是安得积阙下乎？趣召之入。”皇帝按剑而坐，口正沫出。使者召之入，茅焦不肯疾行，足趣相过耳。使者趣之，茅焦曰：“臣至前则死矣！君独不能忍吾须臾乎？”

使者极哀之，茅焦至前，再拜谒起，称曰：“臣闻之，夫有生者不讳死，有国者不讳亡；讳死者不可以得生，讳亡者不可以得存。死生存亡，圣主所欲急闻也，不审陛下欲闻之不？”

皇帝曰：“何谓也？”茅焦对曰：“陛下有狂悖之行，陛下不自知邪！”皇帝曰：“何等也？愿闻之。”茅焦对曰：“陛下车裂假父，有嫉妒之心；囊扑两弟，有不慈之名；迁母萯阳宫，有不孝之行；从蒺藜于谏士，有桀纣之治。今天下闻之，尽瓦解无向秦者，臣窃恐秦亡，为陛下危之。所言已毕，乞行就质。”乃解衣伏质。皇帝下殿，左手接之，右手麾左右曰：“赦之，先生就衣，今愿受事。”

（选自《说苑·正谏》）

不杀一人而成就这个工程，不容易啊

——避实就虚，先夸后谏

陈惠公为扩建都城，要建造一座名为凌阳的城台。但是陈国国力弱小，而工程任务紧急，凌阳台还没有修建完成，就有几十个人因为犯罪而被处死了。陈惠公还下令将负责凌阳台建设的三名监吏抓了起来，想要杀鸡儆猴。

当时孔子正好周游列国到了陈国。他听说这件事情后，就去谒见陈惠公，与他一起参观正在建设的凌阳台。

陈惠公得意扬扬地说："夫子，我陈国虽然小，但是这个城台还算是可观吧！"

孔子称赞道："真是美丽的高台啊！自古以来，圣君贤王建筑高台，没有一个能够不杀人而取得如此成就的。像您这样能够不杀一人而成就这个工程，真是不容易啊！"

陈惠公听完之后，默默地离开了，然后立刻下令释放抓起来的那三名监吏。

不久之后，陈惠公又见到了孔子，他问道："当年周文王修建灵台，也杀人了吗？"

孔子回答："文王兴起的时代，有六个州依附他。这六州的百姓都十分愿意为文王效力。所以区区一个灵台，没有多久就建成了，怎么会杀人呢？"

接着他又笑着称赞陈惠公："用这么少的劳动力，却能完成这么大的工程，恐怕只有您能做到了。"

陈惠公听后无地自容，就放慢了建筑速度，最终顺利地完成了工程建设。

【点评】

当一个人做错事反而受到称赞时，往往会感到心中不安，从而主动纠正自己的错误。孔子就是利用了这一点，他不直接指出陈惠公的过错，而是采用"先夸后谏"的方式，让陈惠公产生羞愧感，进而达到让陈惠公改正错误的目的。

【原典】

陈惠公大城，因起凌阳之台。未终而坐法死者数十人，又执三监吏，将杀之。夫子适陈，闻之，见陈侯，与俱登台而观焉。夫子曰："美哉斯台！自古圣王之为城台，未有不戮一人而能致功若此者也。”陈侯默而退，遽窃赦所执吏。既而见夫子，问曰：“昔周作灵台，亦戮人乎？”答曰：“文王之兴，附者六州。六州之众，各以子道来。故区区之台，未及期日而已成矣，何戮之有乎？夫以少少之众，能立大大之功，唯君尔。”

（选自《孔丛子·嘉言》）

不得民心，船上个个是栾氏后人

——一针见血，直指要害

晋国范献子在河上游览，这时候大夫们都在场。范献子问：“谁知道栾氏后人现在的情况？”结果没人应答。

这时候，船夫清涓放下船桨回答：“您为什么要问栾氏后人的情况呢？”

范献子说：“自从我诛灭栾氏后，不仅栾家老人没死，且年轻人又长大了，我因此而担心。”

清涓说：“恕我直言，您若能好好治理晋国的政事，朝廷内能获得大夫们的拥戴，朝廷外能不失民心，即使栾氏的后人还在，又能把您怎样？您若不能整治晋国政事，朝廷内不能获得大夫们的拥戴，朝廷外不能得民心，那么船上的人个个都是栾氏的后人。”

范献子说：“你说得太好了！”

第二天上朝，范献子下令赐给船夫清涓一万亩田地，清涓辞谢不受。

范献子说：“用一万亩田换你的谏言很值得，你还吃了亏，我还占了便宜呢。”

【点评】

范献子担忧栾氏的后人回来复仇，船夫清涓对这个问题回答得既干脆又一针见血，他认为栾氏后人现在的情况并不重要，重要的是范献子能否善修国政。清涓的一番话直指要害，点醒了范献子。

【原典】

范献子游于河，大夫皆在。君曰：“孰知栾氏之子？”大夫莫答。舟人清涓舍楫而答曰：“君奚问栾氏之子为？”君曰：“自吾亡栾氏也，其老者未死，而少者壮矣，吾是以问之。”清涓曰：“君善修晋国之政，内得大夫而外不失百姓，虽栾氏之子，其若君何？君若不修晋国之政，内不得大夫而外失百姓，则舟中之人皆栾氏之子也。”君曰：“善哉言！”明日朝，令赐舟人清涓田万亩，清涓辞。君曰：“以此田也，易彼言也，子尚丧，寡人犹得也。”

（选自《尸子·贵言》）

“白马非马”孔子也赞成

——逻辑推论，揭示矛盾

公孙龙曾经在赵国的平原君那里做门客。有一次，孔子的后人孔穿到平原君家做客，碰到了公孙龙。孔穿关注公孙龙很久了，一见面就亲热地对公孙龙说：“我一向听闻公孙先生德行高尚，很早以前就想当您的学生了！但是我不赞成先生‘白马非马’的言论。恳请先生放弃这种说法，这样我就能放心地拜您为师了！”

公孙龙哈哈笑道：“您说的话可真是悖谬不通啊！敝人之所以有几分薄名，就是因为这个关于白马的理论。现在您让我舍弃它，我就没有什么可以教给别人的东西了。而且，想要拜别人为师，是因为自己的智慧和学识不如别人，现在您先让我舍弃自己的学问，就等于先教育我一通，然后再拜我为师。先教育别人，再拜别人为师，这是完全没有道理的。

“再说了，白马不是马，这个命题也是孔子所赞成的。我听说，楚王张开繁弱弓，搭上忘归箭，在云梦一带猎杀蛟龙和犀牛，但不小心丢掉了弓。楚王身边的侍从自告奋勇要去寻找

弓，楚王说：‘不必了。丢了弓的是楚人，捡到弓的也将是楚人，又何必去找回来呢？’孔子听说这件事后评论道：‘楚王的仁义还不够彻底呀！不妨说：丢了弓的是人，捡到弓的也是人。何必非得是楚国人呢？’这样看来，孔子也是把楚人和人区别开来的。您赞同孔子区分楚人和人，却不赞同我区分白马和马，这讲不通啊！您学习儒术，却反对孔子赞成的东西；想要向我学习，却让我丢弃自己教授的学问，这样的话，即使比我贤能百倍的人，也当不了您的老师。”

听了公孙龙这番长篇大论，孔穿哑口无言。

【点评】

公孙龙这段回应，指出了孔穿在逻辑上的三个自相矛盾之处：一是要求公孙龙舍弃自己能教的学问；二是要拜公孙龙为师却先教育了他一番；三是赞成孔子之说却反对公孙龙之论。公孙龙将白马非马与楚人得弓的故事进行类比，认为它们说的是同一个意思：都是在区分特殊和普遍。所以公孙龙认为，孔穿是彼而非此，犯了自相矛盾的错误。

【原典】

龙与孔穿会赵平原君家。穿曰："素闻先生高谊，愿为弟子久，但不取先生以白马为非马耳。请去此术，则穿请为弟子。"

龙曰："先生之言悖。龙之所以为名者，乃以白马之论尔。今使龙去之，则无以教焉。且欲师之者，以智与学不如也，今使龙去之，此先教而后师之也。先教而后师之者，悖。且白马非马，乃仲尼之所取。龙闻楚王张繁弱之弓，载忘归之矢，以射蛟、兕于云梦之圃，而丧其弓。左右请求之，王曰：'止！楚人遗弓，楚人得之，又何求乎？'仲尼闻之曰：'楚王仁义而未遂也。亦曰人亡弓，人得之而已。何必楚？'若此，仲尼异楚人于所谓人。夫是仲尼异楚人于所谓人，而非龙异白马于所谓马，悖。先生修儒术而非仲尼之所取，欲学而使龙去所教，则虽百龙，固不能当前矣。"

孔穿无以应焉。

（选自《公孙龙子·迹府》）

大道因为岔路多而找不回羊

——因事见理，引申发挥

杨朱的邻居丢了一只羊，邻居全家出动追寻这只羊，还向杨朱借了仆人来追。杨朱说：“唉！只是一只羊，何必要这么多人去追呢？”邻居说：“没办法呀，岔路太多了。”邻居回来后，杨朱问他：“找到羊了吗？”邻居说：“找不到了。”杨朱问：“怎么就找不到了？”邻居说：“岔路上又有岔路，我们不知道走哪条路，只好回来了。”杨朱听了这话，愁眉不展，整天都不笑也不说话。

弟子们觉得奇怪，就问老师：“只是一只低贱的牲畜罢了，而且又不是老师您的，您为何愁眉不展？”但杨朱什么也没说。

孟孙阳于是把这件事告诉另一个弟子心都子。几天后，他俩一起拜见老师。心都子问道：“从前有兄弟三人在齐鲁之间游历，同向一位老师求学，把仁义之道全学到了才回到家乡。父亲问：‘仁义之道是什么样的？’老大说：‘仁义使我爱惜生命而把名誉放在后面。’老二说：‘仁义使我甘愿为了名誉牺牲生命。’老三说：‘仁义使我同时保全生命与名誉。’他们三个人所说的仁义之道互相矛盾，但都是从儒家那里学来的，究竟谁对谁错？”

杨朱没有直接回答，只是说：“从前有个住在河边的人，他熟习水性，于是许多人背着粮食前来向他学习，但最后几乎一半的人淹死。本来他们是学习泅水而不是学习溺水的，最后的结果却如此不同。你认为谁对谁错呢？”

心都子默默地退下了。出来后，孟孙阳怪他说：“为什么你问得那么婉转，老师也回答得那么古怪？我更疑惑了。”

心都子解释道：“大道因为岔路多而找不回羊，求学的人因为学派纷繁而迷失方向。各类学说的根源一样，而结论却相差悬殊。只有回归到统一的本质中才不会迷失方向。你是老师的大弟子，学习老师的学说，却不懂得老师的譬喻，实在可悲啊！”

【点评】

本篇采取了因事见理的方法。第一个故事是羊在歧路上走丢，杨朱对此感触深刻，却没直接向学生解释。通过后两个故事（学仁义和学泅水）的铺垫和引申，杨朱所领悟到的道理才清楚明白地展示出来。这启示我们，在说明较为隐晦和艰深的道理时，可以在切近的譬喻基础上进行合理的引申和发挥。

【原典】

杨子之邻人亡羊，既率其党，又请杨子之竖追之。杨子曰："嘻！亡一羊，何追者之众？"邻人曰："多歧路。"既反，问："获羊乎？"曰："亡之矣。"曰："奚亡之？"曰："歧路之中又有歧焉，吾不知所之，所以反也。"杨子戚然变容，不言者移时，不笑者竟日。

门人怪之，请曰："羊，贱畜，又非夫子之有，而损言笑者，何哉？"杨子不答，门人不获所命。弟子孟孙阳出，以告心都子。

心都子他日与孟孙阳偕入，而问曰："昔有昆弟三人，游齐鲁之间，同师而学，进仁义之道而归。其父曰：'仁义之道若何？'伯曰：'仁义使我爱身而后名。'仲曰：'仁义使我杀身以成名。'叔曰：'仁义使我身名并全。'彼三术相反，而同出于儒，孰是孰非邪？"

杨子曰："人有滨河而居者，习于水，勇于泅，操舟鬻渡，利供百口。裹粮就学者成徒，而溺死者几半。本学泅，不学溺，而利害如此。若以为孰是孰非？"

心都子嘿然而出。孟孙阳让之曰："何吾子问之迂，夫子答之僻？吾惑愈甚。"

心都子曰："大道以多歧亡羊，学者以多方丧生。学非本不同，非本不一，而末异若是。唯归同反一，为亡得丧。子长先生之门，习先生之道，而不达先生之况也，哀哉！"

（选自《列子·说符》）

燕雀怎么能知道天的高度

——类比推论，语婉意刚

有一天，楚襄王对宋玉说："先生是不是有些不检点的行为啊，要不然为什么这么多人不喜欢你呢？"语气中略带责问。

宋玉答道："不瞒大王，的确有这样的事。还望大王能饶恕我，允许我把话说完。"

楚襄王有点生气地说："你说吧。"

宋玉说："大王，之前有个人在郢都唱歌，刚开始的时候唱的是《下里》《巴人》这两首通俗歌曲，现场几千人都跟着他一起唱；接着他又唱《阳阿》《薤露》这类较为高雅的歌曲，差不多有几百个人跟着他唱；等到唱《阳春》《白雪》这样的高雅歌曲时，跟着他唱的只有几十个人；再后来，那人引吭高歌而为商音，压低其声而为羽音，夹杂运用流动的徵声唱歌，这个时候能应和的不过寥寥几人而已。这样看来，歌曲越是高雅，能一起唱的人也就越少。

"鸟中有凤凰，鱼中有鲲鱼。凤凰展翅飞上九千里的高空，乘气而行，背负苍天，脚踏浮云；而那跳跃在篱笆旁边的燕雀，怎么能跟凤凰一样知道天的高度呢？鲲鱼早上从昆仑山脚下出发，中午在渤海边的碣石山上晒脊背，夜晚在孟诸栖息；那小池塘里的鲵鱼，怎么能跟鲲鱼一样知道江海有多广阔呢？

“大王，我想告诉您的是，不光是鸟中有凤凰，鱼中有鲲鱼，人跟人也有很大的差别。圣人跟普通人怎么能够一样呢？圣人的伟大志向和美好操行，肯定是超出常人的，并非常人所能理解。所以这些普通人，又怎么能懂得我的所作所为呢？”

【点评】

宋玉很自信，他用类比的手法，生动形象地说明了自己跟普通人之间的差异。楚襄王一开始怀疑宋玉，认为他之所以不受好评，肯定是因为他自己的行为不检点。但是宋玉把自己比作凤凰、鲲鱼，把普通人比作燕雀、鲵鱼，认为普通人跟自己不在一个层次上，普通人之所以误会自己，不是因为自己真的有什么不检点的行为，而是自己的能力与见识超出了普通人所能理解的范围。宋玉让楚襄王明白，正是因为普通人不理解自己，所以产生了很多的流言蜚语。

【原典】

楚襄王问于宋玉曰：“先生其有遗行与？何士民众庶不誉之甚也？”

宋玉对曰：“唯，然，有之！愿大王宽其罪，使得毕其辞。客有歌于郢中者，其始曰《下里》《巴人》，国中属而和者数千人。其为《阳阿》《薤露》，国中属而和者数百人。其为《阳春》《白雪》，国中属而和者不过数十人。引商刻羽，杂以流徵，国中属而和者不过数人而已。是其曲弥高，其和弥寡。故鸟有凤而鱼有鲲。凤凰上击九千里，绝云霓，负苍天，足乱浮云，翱翔乎杳冥之上。夫蕃篱之鷃，岂能与之料天地之高哉？鲲鱼朝发昆仑之墟，暴鬐于碣石，暮宿于孟诸。夫尺泽之鲵，岂能与之量江海之大哉？故非独鸟有凤而鱼有鲲也，士亦有之。夫圣人瑰意琦行，超然独处，世俗之民，又安知臣之所为哉？”

（选自《文选·对问》）

我们所说的国宝不一样

——欲扬先抑，步步为营

有一次，魏惠王与齐威王相约一起到郊外打猎。他们觉得累了，就坐下来休息一会儿，于是便天南海北闲聊起来。

魏惠王问齐威王："你们齐国可有什么奇珍异宝吗？"齐威王答道："没有。"

魏惠王带着炫耀的口气说："我们魏国虽然不算太大，尚且有十枚直径为一寸的宝珠。这些宝珠晶莹滑润，玲珑剔透。到了夜间，这些宝珠亮光闪闪，光华四射，能够把前后各十二辆车子照得通亮，真是不可多得的稀世国宝。贵国一个堂堂大国，怎么连一件像样的国宝都没有呢？真是遗憾啊！"

齐威王听了魏惠王的话，微微一笑说："您所说的国宝与我们看重的国宝迥然不同。我国有一个名叫檀子的大臣，现在镇守南城，他恪尽职守，爱兵如子，夜不卸甲，使得强悍的楚国人不敢向东入侵我国。有一个名叫肦子的大臣，带兵在高唐驻防，他办事稳妥，防范严密，使得赵国人不敢在我国的河流里撒网捕鱼。有一个名叫黔夫的大臣，被派去治理徐州，他文武并用，恩威并施，使得燕国、赵国的老百姓自愿迁移过来的多达七千余家。还有一个叫种首的大臣，负责维护秩序，缉拿盗贼，他向各地发布告示，晓以利害，让老百姓群起监督，创造了歹徒绝迹、盗贼自首、夜不闭户、路不拾遗的太平局面。要讲国宝，以上这四位出类拔萃的贤才，就是我们的国宝。

他们的功绩所放射的光辉，连千里以外的地方都照耀到了，哪里是那些仅仅可以照亮十二辆车子的宝珠所能比的呢？”

魏惠王听了，脸羞得通红，沮丧地辞别齐威王而去。

【点评】

这段精彩的对话中，面对魏惠王的炫耀，齐威王先是回答“没有国宝”，接着说：“您所说的国宝与我们看重的国宝迥然不同。”齐威王采用这种欲扬先抑、步步为营的辩论方法，最后让魏惠王羞愧不已。

齐威王论国宝的观点，不管是在过去还是现在，都是非常正确的，是值得今人借鉴的。发现人才和重用人才，同等重要。

【原典】

（威王）二十四年，与魏王会田于郊。魏王问曰：“王亦有宝乎？”威王曰：“无有。”梁王曰：“若寡人国小也，尚有径寸之珠照车前后各十二乘者十枚，奈何以万乘之国而无宝乎？”威王曰：“寡人之所以为宝与王异。吾臣有檀子者，使守南城，则楚人不敢为寇东取，泗上十二诸侯皆来朝。吾臣有肦子者，使守高唐，则赵人不敢东渔于河。吾吏有黔夫者，使守徐州，则燕人祭北门，赵人祭西门，徙而从者七千余家。吾臣有种首者，使备盗贼，则道不拾遗。将以照千里，岂特十二乘哉！”梁惠王惭，不怿而去。

（选自《史记·田敬仲完世家》）

治国须先正名

——寻本溯源，连锁推理

孔子六十三岁这一年从楚国来到卫国。这时候卫国在位者是卫出公。卫出公的父亲、前任太子蒯聩逃亡在外，无法回到卫国继承王位，所以卫出公就继承了君位。因为这件事情，诸侯们对卫出公多有指责。当时，孔子有许多弟子在卫国做官，卫出公便想借此邀请孔子来帮助他治理国政。

子路听到这个消息，就去问孔子说："我听说，卫国的君主正等老师您去辅佐他治理国政。老师如果去，打算先从哪里着手？"

孔子说："那一定要先从端正名分开始。"

子路有点意外，说："老师您也太迂腐了吧！为什么要先端正名分？"

孔子摇摇头，语重心长地对子路说："仲由，你可真是粗鄙啊！如果执政者名分不正，他下达的命令就不会顺利地被大家接受；执政者的命令传达不顺，政事就难以办成；政事办不成，礼乐就难以兴盛；礼乐不兴盛，刑罚就难以得当；刑罚不得当，百姓就会惶惶然不知所措。因此，君子做事，必须先有正当的名分，这样，事情才能顺利推行。君子对于自己的言行，丝毫不能马虎啊。”

【点评】

子路与孔子之间的这一则对话意味深长。孔子说治理卫国国政首先要做到端正名分，其实是在暗指卫出公的君位名不正言不顺。政权合法性是至关重要的，对于这个道理，孔子采取了连锁推理的方式，层层推进，从名不正言不顺的开端，推到了治理不好百姓的结果，从而使得“正名”的重要性一目了然。在辩说中，这种逐层演进的推理方式，是一种强有力的论证方法。

【原典】

于是孔子自楚反乎卫。是岁也，孔子年六十三，而鲁哀公六年也。其明年，吴与鲁会缯，征百牢。太宰嚭召季康子，康子使子贡往，然后得已。

孔子曰：“鲁卫之政，兄弟也。”是时，卫君辄父不得立，在外，诸侯数以为让。而孔子弟子多仕于卫，卫君欲得孔子为政。

子路曰：“卫君待子而为政，子将奚先？”

孔子曰：“必也正名乎！”

子路曰：“有是哉，子之迂也！何其正也？”

孔子曰：“野哉，由也！夫名不正，则言不顺；言不顺，则事不成；事不成，则礼乐不兴；礼乐不兴，则刑罚不中；刑罚不中，则民无所错手足矣。夫君子为之必可名，言之必可行。君子于其言，无所苟而已矣。”

（选自《史记·孔子世家》）

您的忧患在国内，不如攻打吴国

——抓住要害，以利诱导

田常想在齐国争权作乱，但又忌惮高昭子、国惠子、鲍牧和晏圉的势力，便移师去攻打鲁国。孔子知道后让子贡前去解救鲁国。

子贡到齐国游说田常，说："您攻打鲁国是错误的。鲁国是个难打的国家，它的城墙薄，护城河水浅，国君愚昧残暴，大臣们平庸，士兵厌恶打仗，这样的国家是不能攻打的。您不如去攻打吴国。吴国的城墙高大，护城河宽阔，士兵的铠甲坚固，还有很多贤明的人才都在吴国，这样的国家比较容易攻打。"

田常听到这里很生气，愤怒地说："你认为困难的，别人认为是容易的；你认为容易的，别人认为是困难的。你现在说这些有何居心？"

子贡说："我听说，国内有忧患的就攻打强国，国外有忧患的就攻打弱国。如今您的忧患在国内，所以不如攻打吴国。吴国不好打，国君势必会派很多得力大臣去攻打，百姓也会流离失所，这时朝廷势力空虚、民心不稳，您便可以趁机孤立国君，控制齐国了。”

田常说：“你说的虽有道理，但是我的军队已经往鲁国去了，现在再从鲁国撤军进攻吴国的话，那些大臣势必会怀疑我，这可怎么办呢？”

子贡说：“您按兵不动，我去见吴王，说服他出兵攻打齐国以援救鲁国。”田常听从了子贡的意见，让他去见吴王。

子贡游说吴王说：“我听说王道之君不会让诸侯属国灭绝，霸道之君则不会让其他强敌出现。如今齐国拥有万辆战车，却想将只有千辆战车的鲁国据为己有，从而威胁吴国，我暗地里都为大王担忧。那么，大王何不去攻打齐国呢？如此，不仅能援救鲁国而声名远扬，还能获得利益以威慑强大的晋国。”

吴王说：“说得好！不过，我曾与越国争战，担心越国会趁机报复。不如等我打完越国之后再按你的话做吧。”

子贡说：“大王，您放着实力强大的齐国不打，却去攻打实力弱小的越国，非勇者所为。您不如先留着越国，向各国诸侯显示您的仁德，再援鲁攻齐以施加国威。到时候各国诸侯都会对您刮目相看，而您称霸天下的大业就指日可待了。如果您实在担心越国会报复的话，不如我去劝说越王，让他也派出军队追随您。”吴王听后特别高兴，就派子贡到越国去了。

子贡对越王说：“我听说吴王想以援救鲁国为名攻打齐国，但又害怕您会趁机攻打他，于是要先攻打您。如此一来，越国就危险了。”

越王勾践听完，说：“我曾被吴王围困在会稽，自然对他恨之入骨，但我也知道我现在打不过他。这可如何是好？”

子贡说：“吴王凶狠残暴不得民心，大臣内部不和。如果您能像我说的那样去辅佐吴王，他一定会攻打齐国，但无论战败还是战胜都对自身不利。到时候，您趁吴国疲惫不堪的时候攻打它，一定能灭掉吴国。”越王非常高兴，答应按子贡的计划行事。

于是，子贡回到吴国转告了越王的话。同时，越王还派使者带着兵马、武器前来，作为吴国出征的贺礼。吴王很高兴，便率领兵马去攻打齐国了。

子贡离开吴国后又来到晋国，对晋国国君说：“齐国和吴国马上要开战了。如果吴国战胜了齐国，吴王一定会带兵逼近晋国。”

晋王听到这个消息后非常恐慌，说：“那该怎么办呢？”

子贡说：“不如整治武器、休养士卒，等着吴军到来。”晋王按照他的话做了。

子贡又离开晋国回到了鲁国。在此期间，吴军果然大败齐军，后来吴王又带兵逼近晋国，与晋国军

队打了一场。不过，吴军输掉了。越王得知吴军惨败的消息，趁机袭击吴国，并杀死了吴王夫差。

【人物小传】

端木赐（前520—前456），字子贡，孔门十哲之一。子贡口齿伶俐，巧于辞令，办事通达，孔子曾称其为“瑚琏之器”。他还善于经商，为孔子弟子中的首富，是中国民间信奉的财神。

【点评】

子贡在得知田常要讨伐鲁国后，告诉田常“忧在内者攻强，忧在外者攻弱”的道理，从而说服田常放弃攻打鲁国，转而攻打吴国。接着，子贡又分别找到其他诸侯国的国君，从他们的利益出发，告诉他们面临的危险以及化解危机的方法，最后保全了鲁国，并改变了五国的政治格局。子贡的高明之处，就在于能切中对方的心思，抓住要害，以利诱导。

【原典】

田常欲作乱于齐，惮高、国、鲍、晏，故移其兵欲以伐鲁。孔子闻之，谓门弟子曰：“夫鲁，坟墓所处，父母之国，国危如此，二三子何为莫出？”子路请出，孔子止之。子张、子石请行，孔子弗许。子贡请行，孔子许之。

遂行，至齐，说田常曰：“君之伐鲁过矣。夫鲁，难伐之国，其城薄以卑，其地狭以泄，其君愚而不仁，大臣伪而无用，其士民又恶甲兵之事，此不可与战。君不如伐吴。夫吴，城高以厚，地广以深，甲坚以新，士选以饱，重器精兵尽在其中，又使明大夫守之，此易伐也。”

田常忿然作色曰：“子之所难，人之所易；子之所易，人之所难。而以教常，何也？”

子贡曰：“臣闻之，忧在内者攻强，忧在外者攻弱。今君忧在内。吾闻君三封而三不成者，大臣有不听者也。今君破鲁以广齐，战胜以骄主，破国以尊臣，而君之功不与焉，则交日疏于主。是君上骄主心，下恣群臣，求以成大事，难矣。夫上骄则恣，臣骄则争，是君上与主有郤，下与大臣交争也。如此，则君之立于齐危矣。故曰不如伐吴。伐吴不胜，民人外死，大臣内空，是君上无强臣之敌，下无民人之过，孤主制齐者唯君也。”

田常曰：“善。虽然，吾兵业已加鲁矣，去而之吴，大臣疑我，奈何？”

子贡曰：“君按兵无伐，臣请往使吴王，令之救鲁而伐齐，君因以兵迎之。”田常许之，使子贡南见吴王。

说曰：“臣闻之，王者不绝世，霸者无强敌，千钧之重加铢两而移。今以万乘之齐而私千乘之鲁，与吴争强，窃为王危之。且夫救鲁，显名也；伐齐，大利也。以抚泗上诸侯，诛暴齐以服强晋，利莫大焉。名存亡鲁，实困强齐，智者不疑也。”

吴王曰：“善。虽然，吾尝与越战，栖之会稽。越王苦身养士，有报我心。子待我伐越而听子。”

子贡曰：“越之劲不过鲁，吴之强不过齐，王置齐而伐越，则齐已平鲁矣。且王方以存亡继绝为名，夫伐小越而畏强齐，非勇也。夫勇者不避难，仁者不穷约，智者不失时，王者不绝世，以立其义。今存越示诸侯以仁，救鲁伐齐，威加晋国，诸侯必相率而朝吴，霸业成矣。且王必恶越，臣请东见越王，令出兵以从，此实空越，名从诸侯以伐也。”吴王大说，乃使子贡之越。

越王除道郊迎，身御至舍而问曰：“此蛮夷之国，大夫何以俨然辱而临之？”

子贡曰：“今者吾说吴王以救鲁伐齐，其志欲之而畏越，曰‘待我伐越乃可’。如此，破越必矣。且夫无报人之志而令人疑之，拙也；有报人之志，使人知之，殆也；事未发而先闻，危也。三者举事之大患。”

句践顿首再拜曰：“孤尝不料力，乃与吴战，困于会稽，痛入于骨髓，日夜焦唇干舌，徒欲与吴王接踵而死，孤之愿也。”遂问子贡。

子贡曰：“吴王为人猛暴，群臣不堪；国家敝以数战，士卒弗忍；百姓怨上，大臣内变；子胥以谏死，太宰嚭用事，顺君之过以安其私：是残国之治也。今王诚发士卒佐之以徼其志，重宝以说其心，卑辞以尊其礼，其伐齐必也。彼战不胜，王之福矣。战胜，必以兵临晋，臣请北见晋君，令共攻之，弱吴必矣。其锐兵尽于齐，重甲困于晋，而王制其敝，此灭吴必矣。”越王大说，许诺。送子贡金百镒，剑一，良矛二。子贡不受，遂行。

报吴王曰：“臣敬以大王之言告越王，越王大恐，曰：‘孤不幸，少失先人，内不自量，抵罪于吴，军败身辱，栖于会稽，国为虚莽，赖大王之赐，使得奉俎豆而修祭祀，死不敢忘，何谋之敢虑！’”后五日，越使大夫种顿首言于吴王曰：“东海役臣孤句践使者臣种，敢修下吏问于左右。今窃闻大王将兴大义，诛强救弱，困暴齐而抚周室，请悉起境内士卒三千人，孤请自被坚执锐，以先受矢石。因越贱臣种奉先人藏器，甲二十领，铁屈卢之矛，步光之剑，以贺军吏。”

吴王大说，以告子贡曰：“越王欲身从寡人伐齐，可乎？”

子贡曰：“不可。夫空人之国，悉人之众，又从其君，不义。君受其币，许其师，而辞其君。”吴王许诺，乃谢越王。于是吴王乃遂发九郡兵伐齐。

子贡因去之晋，谓晋君曰：“臣闻之，虑不先定不可以应卒，兵不先辨不可以胜敌。今夫齐与吴将战，彼战而不胜，越乱之必矣；与齐战而胜，必以其兵临晋。”

晋君大恐，曰：“为之奈何？”

子贡曰：“修兵休卒以待之。”晋君许诺。

子贡去而之鲁。吴王果与齐人战于艾陵，大破齐师，获七将军之兵而不归，果以兵临晋，与晋人相遇黄池之上。吴晋争强，晋人击之，大败吴师。越王闻之，涉江袭吴，去城七里而军。吴王闻之，去晋而归，与越战于五湖。三战不胜，城门不守，越遂围王宫，杀夫差而戮其相。破吴三年，东向而霸。

（选自《史记·仲尼弟子列传》）

给神那么少却跟神要那么多

——隐语讽谏，以迂为直

淳于髡是齐国的“上门女婿”，个子不高，但是能言善辩，多次出使他国都不辱使命。

齐威王在位时，荒废国政，耽于宴饮之乐，齐国危在旦夕。有一天，淳于髡对齐威王说：“有只大鸟，躲在宫廷三年，不飞也不叫，大王可知为何？”齐威王说：“哦？这鸟不飞则已，一飞冲天；不鸣则已，一鸣惊人啊！”没过多久，齐威王召见县令七十二人，奖励了一个，处死了一个，重振军威，出兵迎敌。周围的诸侯国听到这事都震惊不已，吓得把侵占的土地都还了回去。齐威王的声威持续了三十六年。

齐威王八年，楚国进攻齐国。齐威王派淳于髡到赵国求救，给了他百斤黄金、十套车马。淳于髡知道后仰天大笑，齐威王见状说：“先生嫌少？”淳于髡说：“臣不敢。”齐威王问：“那你何故发笑？”淳于髡说：“刚才臣从东边来的时候，看到有人在祭祀。他拿着一只猪蹄、一盂酒，边磕头边祷告说：‘愿高地上收获的谷物盛满篝笼，低田里收获的庄稼装满车辆；五谷繁茂丰熟，米粮堆积满仓。’臣是笑他给神那么少却跟神要那么多，哈哈。”齐威王听完，又多给了黄金千镒，白璧十双，车马一百套。淳于髡告辞启程，到了赵国。赵王给了他精兵十万，战车一千乘，楚国闻风而逃。

齐威王因此特别高兴，特地在后宫办了酒席，赏赐淳于髡。齐威王高兴地问道：“先生能喝多少？”淳于髡回答说：“蒙大王抬爱，臣喝一斗也醉，喝一石也醉。”齐威王听后十分纳闷，问道：“先生喝一斗就醉了，怎么还能喝一石呢？”淳于髡说：“大王赏酒，执法官在旁边，御史在后边，我心里害怕，跪倒喝酒，一斗肯定就醉了。如果是家父请客的时候，客人看上去很严肃，那我会毕恭毕敬地伺候他们，他们不时赏我点多余的清酒，我举起酒杯祝他们长寿，起身几次，喝不到二斗也就醉了。如果是好友相见，欢欢喜喜说起往事，互诉衷情，喝到大概五六斗就醉了。如果是乡里聚会喝酒，男女一起，喝到一半停下来玩游戏，自由组合，不管世俗的规定，那喝到大概八斗才有两三分醉意。所以说酒喝多了就要出事，乐极则生悲啊！”齐威王听完说：“说得好！”便下令停止通宵达旦的宴饮。

【点评】

淳于髡善用隐语来讽谏君王。他先用大鸟之喻来劝谏齐威王不要荒废国政，再用他人祭神之事暗示齐威王不要吝啬，最后用自己喝酒的例子告诫齐威王不要放纵自己。从齐威王的反应来看，这种委婉劝说、以迂为直的方式无疑是有效的。

【原典】

淳于髡者，齐之赘婿也。长不满七尺，滑稽多辩，数使诸侯，未尝屈辱。

齐威王之时喜隐，好为淫乐长夜之饮，沉湎不治，委政卿大夫。百官荒乱，诸侯并侵，国且危亡，在于旦暮，左右莫敢谏。淳于髡说之以隐曰：“国中有大鸟，止王之庭，三年不蜚又不鸣，王知此鸟何也？”王曰：“此鸟不飞则已，一飞冲天；不鸣则已，一鸣惊人。”于是乃朝诸县令长七十二人，赏一人，诛一人，奋兵而出。诸侯振惊，皆还齐侵地。威行三十六年。语在《田完世家》中。

威王八年，楚大发兵加齐。齐王使淳于髡之赵请救兵，赍金百斤，车马十驷。淳于髡仰天大笑，冠缨索绝。王曰：“先生少之乎？”髡曰：“何敢！”王曰：“笑岂有说乎？”髡曰：“今者臣从东方来，见道旁有禳田者，操一豚蹄，酒一盂，祝曰：‘瓯窭满篝，污邪满车，五谷蕃熟，穰穰满家。’臣见其所持者狭而所欲者奢，故笑之。”于是齐威王乃益赍黄金千镒，白璧十双，车马百驷。髡辞而行，至赵。赵王与之精兵十万，革车千乘。楚闻之，夜引兵而去。

威王大说，置酒后宫，召髡赐之酒。问曰："先生能饮几何而醉？"对曰："臣饮一斗亦醉，一石亦醉。"威王曰："先生饮一斗而醉，恶能饮一石哉！其说可得闻乎？"髡曰："赐酒大王之前，执法在傍，御史在后，髡恐惧俯伏而饮，不过一斗径醉矣。若亲有严客，髡帣鞲鞠䠋，侍酒于前，时赐余沥，奉觞上寿，数起，饮不过二斗径醉矣。若朋友交游，久不相见，卒然相睹，欢然道故，私情相语，饮可五六斗径醉矣。若乃州闾之会，男女杂坐，行酒稽留，六博投壶，相引为曹，握手无罚，目眙不禁，前有堕珥，后有遗簪，髡窃乐此，饮可八斗而醉二参……故曰酒极则乱，乐极则悲，万事尽然，言不可极，极之而衰。"以讽谏焉。齐王曰："善。"乃罢长夜之饮。

（选自《史记·滑稽列传》）

得了一寸土地就是大王的一寸土地

——举例说明，掷地有声

范雎对秦王说：“大王的国家，地理位置优越，而且兵力雄厚，以这样的实力来对付诸侯，霸王之业唾手可得。然而现在您却只能紧闭关口，不敢出兵对付山东诸侯，这是大臣也是您决策上的失误啊。”

秦王说：“我愿意听一听失策之处。”

范雎说：“大王越过韩、魏去进攻强齐，这是打错了主意。我猜测大王的计谋是自己少出兵，而让韩、魏两国全力以赴对付齐国。然而盟国是不可信赖的，越过别国去进攻敌国，实在是太失算了。从前齐国越过别国去攻打楚国，虽然杀掉了楚将又开辟了千里的领土，结果却尺寸之地也没得到。这是让自己受害而让别人得利的愚蠢做法啊。所以大王不如实行远交近攻的策略，这样得了一寸土地就是大王的一寸土地。可现在您不这样做，却去实行远攻，这不是大错特错了吗？”

范雎接着说：“秦、韩两国接壤，地势像锦绣般交错。一旦天下发生变故，对秦国危害最大的莫过于韩国，大王不如先去制服它。”

秦王说：“我也希望能制服韩国，可是韩国不听从，怎么办呢？”

范雎说：“可以出兵进攻荥阳，使其去成皋的道路不通；北面切断太行的道路，使上党的援兵被拦截。然后，大王一出兵就可将韩国分隔为三段，让它们互不照应。韩国见自己必定灭亡，哪有不听从之理呢？如果韩国听从大王，那么大王就霸业可成了。”

秦王说：“好！”

【人物小传】

范雎（？—前255），战国时期魏国人，他的封地在应城，故被称为“应侯”。他曾经在秦国担任丞相，为秦国出谋划策，帮助秦国逐渐强大。他所提出的“远交近攻”的策略，对于秦国的发展具有深远的意义。

【点评】

“远交近攻”是范雎提出的重要策略，其核心思想就是联络距离远的国家，进攻邻近的国家。范雎深谙此理，他一上来就直截了当地指出秦王在决策上是错误的，并以齐国为例，说明实行远攻大错特错，继而阐明“远交近攻”的策略，一步步地说服秦王。

【原典】

范雎曰：“大王之国，四塞以为固，北有甘泉、谷口，南带泾、渭，右陇、蜀，左关、阪，奋击百万，战车千乘，利则出攻，不利则入守，此王者之地也。民怯于私斗而勇于公战，此王者之民也。王并此二者而有之。夫以秦卒之勇，车骑之众，以治诸侯，譬若施韩卢而搏蹇兔也，霸王之业可致也，而群臣莫当其位。至今闭关十五年，不敢窥兵于山东者，是穰侯为秦谋不忠，而大王之计有所失也。”秦王跽曰：“寡人愿闻失计。”

……因进曰：“夫穰侯越韩、魏而攻齐纲、寿，非计也。少出师则不足以伤齐，多出师则害于秦。臣意王之计，欲少出师而悉韩、魏之兵也，则不义矣。今见与国之不亲也，越人之国而攻，可乎？其于计疏矣。且昔齐湣王南攻楚，破军杀将，再辟地千里，而齐尺寸之地无得焉者，岂不欲得地哉，形势不能有也。……王不如远交而近攻，得寸则王之寸也，得尺亦王之尺也。今释此而远攻，不亦缪乎！……”

……

客卿范雎复说昭王曰：“秦韩之地形，相错如绣。秦之有韩也，譬如木之有蠹也，人之有心腹之病也。天下无变则已，天下有变，其为秦患者孰大于韩乎？王不如收韩。”昭王曰：“吾固欲收韩，韩不听，为之奈何？”对曰：“韩安得无听乎？王下兵而攻荥阳，则巩、成皋之道不通；北断太行之道，则上党之师不下。王一兴兵而攻荥阳，则其国断而为三。夫韩见必亡，安得不听乎？若韩听，而霸事因可虑矣。”王曰：“善。”且欲发使于韩。

——选自《史记·范雎蔡泽列传》

秦国的欲望无限，但赵国土地有限

——据理力争，论据充足

秦国解了邯郸之围后，要求赵国割让六个县来议和。赵王非常宠爱的臣子赵郝主张割让土地给秦国，认为如果不割让，秦国第二年一定会来攻打赵国。秦国不攻打韩国和魏国，只攻打赵国，说明这两国对秦国比较友好，赵国对秦国不够友好，所以这次割让六个县正好可向秦国示好。

虞卿听说了赵郝的话，对赵王说："赵郝的话是谬论。赵国即使现在割让六个县给秦国，也阻止不了秦国之后对赵国发起战争。割让六个县给秦国相当于自杀，秦国凭借自己的兵力都得不到的土地，现在赵国却白白送给他们。那么之后秦国再来侵犯赵国，赵国还要继续割让土地的话，就是在壮大秦国而削弱赵国。秦国的欲望是无限的，但是赵国的土地是有限的，一味地割让只会让赵国落得无地可割的地步，到时赵国就完蛋了。"

之后虞卿又劝赵王道："即使我们能让出六个县，也应该给齐国。因为齐国和秦国是对手，我们给了齐国利益，那么齐国一定会帮助我们攻打秦国。这样我们的损失就能得到补偿。如果我们放出风声，那么秦国一定会派使臣前来议和。”

就这样，虞卿说服了赵王，不再割让土地给秦国。

【人物小传】

虞卿，名信，卿是他的官职。虞卿非常擅长战略和谋划，他在长平之战前曾经建议联合楚国和魏国，以此来逼迫秦国前来求和；在邯郸解围后他非常严厉地指责了赵郝、楼缓，他不主张向秦国献媚，坚持赵国应联合齐、魏来抵抗秦国。

【点评】

人的欲望往往是无止境的，即便能够满足别人一时的要求，也无法填满别人欲望的天坑。所以，与其委曲求全，不如找到合适的方法来解决遇到的困境。

虞卿说服赵王就是如此。面对敌人的威胁，他冷静理智地分析了当时的形势，然后据理力争，论据充分、条理清晰地反驳了赵郝的观点，最终成功地说服了赵王。

【原典】

王以告虞卿。虞卿对曰：“郝言‘不媾，来年秦复攻王，王得无割其内而媾乎’。今媾，郝又以不能必秦之不复攻也。今虽割六城，何益！来年复攻，又割其力之所不能取而媾，此自尽之术也，不如无媾。秦虽善攻，不能取六县；赵虽不能守，终不失六城。秦倦而归，兵必罢。我以六城收天下以攻罢秦，是我失之于天下而取偿于秦也。吾国尚利，孰与坐而割地，自弱以强秦哉？今郝曰‘秦善韩、魏而攻赵者，必王之事秦不如韩、魏也’，是使王岁以六城事秦也，即坐而城尽。来年秦复求割地，王将与之乎？弗与，是弃前功而挑秦祸也；与之，则无地而给之。语曰‘强者善攻，弱者不能守’。今坐而听秦，秦兵不弊而多得地，是强秦而弱赵也。以益强之秦而割愈弱之赵，其计故不止矣。且王之地有尽而秦之求无已，以有尽之地而给无已之求，其势必无赵矣。”

（选自《史记·平原君虞卿列传》）

驱逐客卿万万使不得

——针砭时弊，利害并举

因为在客卿中发现了间谍，秦国的宗室大臣向秦王进言，希望将客卿一律驱逐。李斯也在被驱逐之列，于是他上书说："大王，最近我听闻官吏们在商议驱逐客卿，这可万万使不得啊。先王穆公求贤若渴，虽然最后得到的五位贤人都不生在秦国，但穆公仍然重用他们，依靠他们的谋略吞并了二十多个国家，称霸西戎。孝公重用商鞅、惠王听从张仪之策、昭王得到范雎，这才造就了如今大秦的帝业。这几位国君，都依靠了客卿的力量。由此看来，客卿何曾有什么地方对不起秦国呢！如若当年先王们也像现在一样舍客卿而不用，那么秦国也就没有今天这样强大的名声。

"陛下喜欢的奇珍异宝，几乎没有一种是秦国产的，假如按照您驱逐客卿的逻辑，一定要是秦国所出产的然后才可以用，那么大王肯定见不到现在的这些宝物，其他吃喝玩乐的东西也是一样的道理。这些玩乐的东西，即便不是本国产的，大王也不嫌弃，但现在大王对人才却不是这样。大王不问是不是有才能，规定只要不是秦国的就要被驱逐。也就是说，陛下只看重珠玉声色，而轻视人才，这怎么能统一天下、控制诸侯呢？

“大王，地广粮食就多，国家大人口就多。泰山不让土壤，故能成其大；河海不择细流，故能就其深；王者不却众庶，故能明其德。因此，土地不分东西南北，英雄不问出处，这样才能人尽其用，这是五帝、三王百战百胜的原因。如果大王逼着百姓去别的国家，逼着宾客去帮助其他诸侯，使天下贤士望而却步，最终都不愿意进入秦国，这就是给敌人提供武器和粮食的做法啊。

“有很多东西不是秦国出产的，但其中不乏宝物；同样的道理，很多有才能的人虽然不是出生在秦国，但是愿意为秦国效忠的也不少。如今大王驱逐他们，让他们被迫去为敌国效力，这种损己利人的事情万万使不得啊，长此以往，秦国必然会有危险。所以我冒死进谏，希望大王可以慎重考虑现在对客卿的政策。”

秦王于是废除了驱逐客卿的政策。

【点评】

李斯在论证秦国驱逐客卿这一政策的危害时，站在“跨海内，制诸侯”即完成统一天下大业的高度，分析阐明了逐客的利害得失，确有远见卓识，体现了任人唯贤的用人之道。李斯从正反两方面进行论证，推理严密，逻辑性强，论据充分有力；他还善用类比，用秦王取物的态度，来说明用人的态度，增强了说服力。

【原典】

臣闻吏议逐客，窃以为过矣。昔缪公求士，西取由余于戎，东得百里奚于宛，迎蹇叔于宋，来丕豹、公孙支于晋。此五子者，不产于秦，而缪公用之，并国二十，遂霸西戎。孝公用商鞅之法……惠王用张仪之计……昭王得范雎……此四君者，皆以客之功。由此观之，客何负于秦哉！向使四君却客而不内，疏士而不用，是使国无富利之实而秦无强大之名也。

今陛下致昆山之玉，有随、和之宝……此数宝者，秦不生一焉，而陛下说之，何也？必秦国之所生然后可，则是夜光之璧不饰朝廷……今取人则不然。不问可否，不论曲直，非秦者去，为客者逐。然则是所重者在乎色乐珠玉，而所轻者在乎人民也。此非所以跨海内、制诸侯之术也。

臣闻地广者粟多，国大者人众，兵强则士勇。是以太山不让土壤，故能成其大；河海不择细流，故能就其深；王者不却众庶，故能明其德。是以地无四方，民无异国，四时充美，鬼神降福，此五帝三王之所以无敌也。今乃弃黔首以资敌国，却宾客以业诸侯，使天下之士退而不敢西向，裹足不入秦，此所谓"藉寇兵而赍盗粮"者也。

夫物不产于秦，可宝者多；士不产于秦，而愿忠者众。今逐客以资敌国，损民以益仇，内自虚而外树怨于诸侯，求国无危，不可得也。

（选自《史记·李斯列传》）

陛下真以为骑在马上就能治理好天下吗

——据史力争，以古为鉴

陆贾在汉高祖刘邦面前进言，经常称引《诗经》《尚书》，劝他读这些书。

有一次，陆贾又如此说，汉高祖听了很不耐烦，破口骂道："老子是骑马南征北战得到的天下，哪里需要什么《诗经》《尚书》？"

陆贾看了看怒目圆睁的刘邦，平静地说："骑在马上可以得天下，但陛下真以为骑在马上就能治理好天下吗？您知道，商汤、周武王用武力夺取了天下，又顺应局势以文治巩固政权，文武并用才使得国家长治久安！过去吴王夫差、晋国智伯由于穷兵黩武而败亡；秦国以严刑峻法治国，始终不变，最后自取灭亡。如果秦国统一天下后，效法先圣前贤，施行仁义，用诗书礼义教化百姓，陛下您又怎么能够夺取天下呢？"

汉高祖听了，脸上渐露愧色，于是对陆贾说："那么，请你把秦朝之所以失天下、我之所以得天下的缘故，以及古代各朝代成败的原因统统写出来。"

于是，陆贾把这些内容大致写了出来，一共写了十二篇。陆贾每呈上一篇，汉高祖看了都高度赞赏，左右侍从也都高呼“万岁”，并将陆贾的书称为《新语》。

【点评】

汉高祖刘邦以为可以用武力夺天下，也可以用武力治天下。陆贾没有陈述文治天下（用诗书礼义来教化子民）的好处等大道理，而是以古为鉴，讲商汤、周武王夺天下与保天下的成功经验，讲秦朝的兴亡教训，这样一下子就说服了刘邦，使刘邦“不怿而有惭色”，诚心诚意地想听陆贾仔细分析国家长治久安的道理。

【原典】

陆生时时前说称《诗》《书》。高帝骂之曰：“乃公居马上而得之，安事《诗》《书》！”

陆生曰：“居马上得之，宁可以马上治之乎？且汤、武逆取而以顺守之，文武并用，长久之术也。昔者吴王夫差、智伯极武而亡；秦任刑法不变，卒灭赵氏。乡使秦已并天下，行仁义，法先圣，陛下安得而有之？”

高帝不怿而有惭色，乃谓陆生曰：“试为我著秦所以失天下、吾所以得之者何，及古成败之国。”

陆生乃粗述存亡之征，凡著十二篇。每奏一篇，高帝未尝不称善，左右呼万岁，号其书曰《新语》。

（选自《史记·郦生陆贾列传》）

您难道忘了赵高作乱的往事吗

——以情动人，有史为证

汉高祖十一年，英布发动叛乱，汉高祖刘邦亲自率领精兵猛将平叛。两军对峙期间，刘邦生了重病，讨厌见外人，所以下令让门卫守好行宫宫门，禁止群臣探视。

跟随刘邦作战的周勃、樊哙、灌婴等人，担忧刘邦的病情，也担心这样下去会影响军事局面。但由于刘邦禁止群臣探视，大家都不敢贸然入宫。这样过了十多天，性格急躁又和刘邦关系最为亲密的樊哙再也忍耐不住，直接推开宫门，强行闯了进去。群臣见樊哙强行入宫，都紧紧相随。

樊哙等人进宫后，看到刘邦正头枕着一个宦官的大腿，躺在床榻上。没等到刘邦说话，樊哙就直接跪于地上痛哭流涕地说：“想当初陛下和我们一道从沛县起兵，平定天下，您是多么健壮啊！如今天下已经安定，而您竟然如此疲惫！况且您病得不轻，大臣们都惊慌失措，议论纷纷。您不接见群臣商议国家大事，难道就和一个宦官在一起与世隔绝吗？再说，您难道忘了赵高作乱的往事吗？”

刘邦听了樊哙的劝谏，便振作精神，笑着从床上起来了。

【人物小传】

樊哙（？—前189），秦末汉初沛县人。西汉开国元勋，封舞阳侯，谥号武侯。樊哙出身于“屠狗之辈”，和刘邦是同乡，同时也是吕后的妹夫，因此很受信重。樊哙作战勇猛，总是身先士卒，基本上参与了从楚汉相争到刘邦彻底平定天下的所有战争，多次立下大功。

【点评】

英布发动叛乱，刘邦卧病在床，此时群臣强行入宫劝谏刘邦，是冒着极大风险的，一旦惹怒了刘邦，很可能会有性命之忧。在这种情形下，樊哙先是追忆往事，以情动人，然后运用“例证法”，用赵高的例子提醒刘邦今天所处的险境，终于成功地说服了刘邦，使他振作起精神。

【原典】

先黥布反时，高祖尝病甚，恶见人，卧禁中，诏户者无得入群臣。群臣绛、灌等莫敢入。十余日，哙乃排闼直入，大臣随之。上独枕一宦者卧。哙等见上流涕曰：“始陛下与臣等起丰沛，定天下，何其壮也！今天下已定，又何惫也！且陛下病甚，大臣震恐，不见臣等计事，顾独与一宦者绝乎？且陛下独不见赵高之事乎？”高帝笑而起。

（选自《史记·樊郦滕灌列传》）

难道高祖也是弑君才得的天下

——巧设陷阱，请君入瓮

汉景帝的时候，有一位老儒，是清河王刘乘的太傅，叫辕固生。辕固生擅长讲《诗经》，被封为《诗经》博士。有一次，他和主张黄老学派的黄生在景帝面前发生了争论。

黄生一上来就批评儒家“汤武受命”的说法，说：“商汤、周武王两位君王，哪里是秉承天命继位天子，他们是弑了君才得以篡位。”

辕固生反驳说：“我不同意你的说法！桀、纣暴虐昏乱，人心都归顺汤、武，汤、武顺应天下人的心愿而杀死桀、纣，桀、纣的百姓不肯为他们效命而心向汤、武，汤、武迫不得已才自立为天子，这难道不就是秉承天命吗？”

黄生说：“你的说法恐怕不妥！帽子虽然破旧，但是一定要戴在头上；鞋子虽然新，但是一定要穿在脚下。为什么呢？这正是因为上下有别！桀、纣虽然无道，但他们终归是在上的君主；汤、武虽然圣明，但他们终归是在下的臣子。君主有了过错，臣子不能直言劝谏，纠正这些过错，维护天子的尊严，反而借过杀害他，取代他的位置，自己南面称王，这难道不是弑君篡位？”

辕固生心里明白，黄生是借君臣之别来让自己在景帝面前无话可说。他没法直接反驳黄生，于是反问道：“按照你的说法，我们高祖皇帝取代秦朝即天子之位，这也是不对的吗？”

景帝听到这话，开始坐不住了，他打断这场争论：“吃肉的人不吃马肝，不算不知道肉的美味；谈学问的人不谈汤、武是否受天命，也不算愚笨。这个问题，大可以避而不谈！”于是争论就此停息。此后，再也没有学者敢公开争辩汤、武是秉承天命还是篡夺君权的问题了。

【点评】

“汤武受命”是儒家的理论，它赋予推翻暴政以正当性。但是在和平时期，却要讲究君臣有别、上下分明。黄生抓住这一点，给辕固生设下陷阱，但辕固生也针锋相对，指出汉朝建立的合法性也只能是推翻无道的秦朝，否定“汤武受命”就等于说汉高祖也是弑君篡位。在这场辩论中，辕固生演示了请君入瓮的精彩技巧，使得黄生落入进退两难的境地中。

【原典】

清河王太傅辕固生者，齐人也。以治《诗》，孝景时为博士。与黄生争论景帝前。

黄生曰："汤武非受命，乃弑也。"

辕固生曰："不然。夫桀纣虐乱，天下之心皆归汤武，汤武与天下之心而诛桀纣，桀纣之民不为之使而归汤武，汤武不得已而立，非受命为何？"

黄生曰："冠虽敝，必加于首；履虽新，必关于足。何者，上下之分也。今桀纣虽失道，然君上也；汤武虽圣，臣下也。夫主有失行，臣下不能正言匡过以尊天子，反因过而诛之，代立践南面，非弑而何也？"

辕固生曰："必若所云，是高帝代秦即天子之位，非邪？"

于是景帝曰："食肉不食马肝，不为不知味；言学者无言汤武受命，不为愚。"遂罢。是后学者莫敢明"受命""放杀"者。

（选自《史记·儒林列传》）

陛下即使得到廉颇、李牧也不会重用

——仗义直谏，对比衬托

冯唐年龄很大却依然是下级官吏。在一次偶然的机会里，他向汉文帝讲述了战国名将廉颇、李牧的故事。汉文帝听完后很高兴，拍着大腿说："为什么我偏偏得不到廉颇、李牧这样的人啊？如果有这样的名将，我难道还忧虑匈奴吗？"

冯唐却说："恕我大胆直言，陛下即使得到廉颇、李牧也不会重用。"

汉文帝大怒，起身回宫。

过了一段时间，怒气渐渐平息的汉文帝召见冯唐，责备他说："你为什么当众羞辱我？难道就不可以私下告诉我吗？"冯唐谢罪说："我这个身份低微的人不懂得礼仪，只知道直言。"

当时，匈奴人又大举入侵进犯，杀死了北地都尉孙卬。汉文帝正为此忧虑，于是再次召见冯唐，问道："你怎么知道我不会重用廉颇、李牧呢？"

冯唐回答说："我听说上古时期，君王派遣军队出征时，会跪下来推着车毂说：'国门以内的事由我决断，国门以外的事由

将军裁定。军队中因功封爵奖励的事，都由将军在外决定，归来再补报朝廷。’

“我听祖父说，李牧在赵国边境统率军队时，把北地税收自行用来犒赏部下。赏赐由将军在外决定，赵王不从中干预，李牧才能够充分发挥才能。他派遣精选的兵车一千三百辆，善于骑射的士兵一万三千人，能够上阵的精锐士兵十万人，才得以在北面驱逐单于，大破东胡，消灭林胡，之后又在西面抑制强秦，在南面救援韩、魏。至此，赵国几乎成为霸主。然而新赵王一即位，就听信郭开的谗言，结果李牧被杀，赵国军溃兵败，最终被秦人灭国。

“这和今天的情形多么相似啊！我听说魏尚为云中郡守，他把边境贸易的税金全部用来犒赏士兵，还拿出个人的私财，五天杀一次牛以犒赏宾客、军吏、属下，因此匈奴人不敢接近云中郡的要塞关口。虽然匈奴入侵过一次，但是魏尚率领军队出击，击杀很多匈奴人。那些士兵都是普通百姓家的子弟，从村野而来，根本不知道‘尺籍’‘伍符’这些法令律例，他们希望的是奋勇杀敌，报功请奖。而今天的情形是，士兵们所报之事只要有一句话不符合实际情况，军法官就用法律制裁他们；士兵们应得的奖励也不能兑现。因此下臣认为陛下的法令严明，但是奖励太轻，处罚太重。况且云中郡守魏尚只犯了多报杀敌六人的罪，陛下就把他交给军法官，剥夺他的爵位，罚一年苦役。

“所以我才说，陛下即使得到廉颇、李牧，也是不能重用的。我本是笨人，言语中触犯了禁忌，愿意承担死罪！”

汉文帝听完很高兴，当天就让冯唐担任使节，前去赦免魏尚，继续让他担任云中郡守，又任命冯唐为车骑都尉。

【点评】

汉文帝性格敦厚，同时又求贤若渴，年迈的冯唐则是时不我待。在这次谈话中，冯唐先是仗义直谏，成功地吸引了汉文帝的注意力，然后将李牧和魏尚的做法与遭遇进行对比，令汉文帝心有触动并赦免魏尚。

【原典】

唐以孝著，为中郎署长，事文帝……上既闻廉颇、李牧为人，良说，而搏髀曰：“嗟乎！吾独不得廉颇、李牧时为吾将，吾岂忧匈奴哉！”唐曰：“主臣！陛下虽得廉颇、李牧，弗能用也。”上怒，起入禁中。良久，召唐让曰：“公奈何众辱我，独无间处乎？”唐谢曰：“鄙人不知忌讳。”

当是之时，匈奴新大入朝那，杀北地都尉卬。上以胡寇为意，乃卒复问唐曰：“公何以知吾不能用廉颇、李牧也？”

唐对曰：“臣闻上古王者之遣将也，跪而推毂，曰‘阃以内者，寡人制之；阃以外者，将军制之。军功爵赏皆决于外，归而奏之’。此非虚言也。臣大父言，李牧为赵将居边，军市之租皆自用飨士，赏赐决于外，不从中扰也。委任而责成功，故李牧乃得尽其智能，遣选车千三百乘，彀骑万三千，百金之士十万，是以北逐单于，破东胡，灭澹林，西抑强秦，南支韩魏。当是之时，赵几霸。其后会赵王迁立，其母倡也。王迁立，乃用郭开谗，卒诛李牧，令颜聚代之。是以兵破士北，为秦所禽灭。

“今臣窃闻魏尚为云中守，其军市租尽以飨士卒，出私养钱，五日一椎牛，飨宾客军吏舍人，是以匈奴远避，不近云中之塞。虏曾一入，尚率车骑击之，所杀甚众。夫士卒尽家人子，起田中从军，安知尺籍伍符。终日力战，斩首捕虏，上功莫府，一言不相应，文吏以法绳之。其赏不行而吏奉法必用。臣愚，以为陛下法太明，赏太轻，罚太重。且云中守魏尚坐上功首虏差六级。陛下下之吏，削其爵，罚作之。由此言之，陛下虽得廉颇、李牧，弗能用也。臣诚愚，触忌讳，死罪死罪！”

文帝说，是日令冯唐持节赦魏尚，复以为云中守，而拜唐为车骑都尉，主中尉及郡国车士。

（选自《史记·张释之冯唐列传》）

废除这些政策是万万不可的

——攻其实质，破其根基

为解决与匈奴的连年战争引发的财政危机，汉武帝采纳了大夫桑弘羊的建议，实行盐铁专卖、均输、平准等一系列经济政策来加强中央的经济实力，但也引来一些争议。昭帝时，朝廷组织了一场针对国家实行盐铁专卖政策的大辩论。辩论一方是汉武帝时就长期主持国家行政事务的法家代表人物桑弘羊，另一方是各地举荐的六十多名贤良、文学。

贤良、文学们主张废弃国家垄断盐铁的政策。他们率先发言："治理人民的方法，关键在于堵塞享乐放纵的根源，挖掘道德修养的源泉，抑制行商逐利，推广仁义，不引导人们追逐财利，这样教化才能振兴，风俗才会改变。现今，全国都实行盐铁国营、酒类专卖和均输政策，这是同人民争夺利益。这些政策破坏了忠厚朴实的风气，形成了贪得无厌的习气。因此，众人纷纷从事工商业，丢弃作为根本的农业。外在粉饰过于繁盛，本质就会衰敝。工商业兴盛起来了，农业就会衰落。如果发展工商业，人民就会变得贪图财利；如果发展农业，人民就会保持忠厚朴实的品行。人民忠厚老实，生活就会富足；人民奢侈淫逸，就会饥寒交迫。因此我们希望废止这些政策，限制工商业，促进和发展农业，这才妥当！”

桑弘羊回应道：“诸位有所不知，盐铁专卖和均输政策关系到国家的经济命脉，更关系到边防的战争！北边的匈奴背叛汉朝不愿臣服，屡次侵犯大汉北疆。若在北疆加以防守，则中原的将士们疲于奔命；若置之不顾，则边疆难宁。先帝忧虑边境百姓长期遭受匈奴的祸害，所以在边疆修筑城堡、整备烽火台、屯田驻军来防御敌人。正因为边防费用不足，所以才实行盐铁国营、酒类专卖和均输等政策，以此增加国家财政收入，补充边防费用。这些政策一旦废止，国库空虚，边防费用必然不足，守卫边疆的士兵就要遭受饥饿和寒冷，那我们拿什么来供给他们呢？废除这些政策是万万不可的！”

贤良、文学们又说：“我们不是不知道匈奴作恶，然而，孔子曾说：‘有国有家者，不患寡而患不均，不患贫而患不安。’所以天子不谈论财产多寡，诸侯不谈论利与害，大夫不谈论得与失，而是要用仁义来教化百姓们，推广德治来安抚百姓。这样国民才会亲近你，外邦才会对你心悦诚服。善于克敌制胜的人不必去打仗，善于作战的人不必动用军队，善于领兵的人不必排兵布阵。努力在庙堂之上修明政治，就可以击退敌人。王者推行仁政，便能无敌于天下，哪里用得着军费呢？”

桑弘羊说：“众人皆知匈奴残暴凶狠！他们恣意闯入大汉边疆，侵犯中原土地，杀害北方郡县的官吏百姓，行悖逆不轨之事，早就应该出兵讨伐之！但陛下广施恩惠，既怜惜百姓生活不富足，又不忍心士大夫暴露于原野受苦。你们这些儒士，不能身穿铠甲、手持兵器，又没有向北驱逐匈奴的志向，却只想废止盐铁国营和均输的政策，妨碍边防费用的供给，破坏边防的战略，毫不担忧边境安危，这恐怕不妥吧？”

【点评】

这是儒、法两家在朝廷内部发生的一次公开争论。桑弘羊并没有纠缠于仁义道德之说，而是指出贤良、文学们无法解决匈奴进犯、边防军费困难的实际问题，直击痛处。在论辩中，这种攻其实质、破其根基的方式，是回应对方的有力武器。

【原典】

惟始元六年，有诏书使丞相、御史与所举贤良、文学语，问民间所疾苦。

文学对曰：“窃闻治人之道，防淫佚之原，广道德之端，抑末利而开仁义，毋示以利，然后教化可兴，而风俗可移也。今郡国有盐、铁、酒榷、均输，与民争利。散敦厚之朴，成贪鄙之化。是以百姓就本者寡，趋末者众。夫文繁则质衰，末盛则本亏。末修则民淫，本修则民悫。民悫则财用足，民侈则饥寒生。愿罢盐、铁、酒榷、均输，所以进本退末，广利农业，便也。”

大夫曰：“匈奴背叛不臣，数为寇暴于边鄙，备之则劳中国之士，不备则侵盗不止。先帝哀边人之久患，苦为虏所系获也，故修障塞，饬烽燧，屯戍以备之。边用度不足，故兴盐、铁，设酒榷，置均输，蕃货长财，以佐助边费。今议者欲罢之，内空府库之藏，外乏执备之用，使备塞乘城之士饥寒于边，将何以赡之？罢之，不便也。”

文学曰：“孔子曰：‘有国有家者，不患寡而患不均，不患贫而患不安。’故天子不言多少，诸侯不言利害，大夫不言得丧。畜仁义以风之，广德行以怀之。是以近者亲附而远者悦服。故善克者不战，善战者不师，善师者不阵。修之于庙堂，而折冲还师。王者行仁政，无敌于天下，恶用费哉？”

大夫曰：“匈奴桀黠，擅恣入塞，犯厉中国，杀伐郡、县、朔方都尉，甚悖逆不轨，宜诛讨之日久矣。陛下垂大惠，哀元元之未赡，不忍暴士大夫于原野；纵难被坚执锐，有北面复匈奴之志，又欲罢盐、铁、均输，扰边用，损武略，无忧边之心，于其义未便也。”

（选自《盐铁论·本议》）

祝贺您因得到我而获得生路

——巧借故事，清楚明晰

当年楚汉并起，武臣攻占了赵地，号称武信君。

蒯通前去游说范阳县令徐公："臣是范阳百姓蒯通，私下怜悯您是将死之人，前来哀吊。不过，也祝贺您因得到我而获得生路。"

徐公恭敬行礼，问："为什么哀吊我？"

蒯通说："您在范阳当县令已经有十几年了吧？您严格地执行秦法，杀过别人的父亲，使别人沦为孤儿；斩断过别人的手和脚，在别人的脸上刺字。这类事情您也干得不少了。过去，那些受到您的刑罚的人之所以不敢刺杀您，向您复仇，是因为畏惧秦朝的法律。如今天下大乱，秦朝的政令已经无法继续推行了，您的仇人们一定会争相向您复仇，借用您的人头来扬名立万。这就是我来哀吊您的原因。"

徐公又问："为什么祝贺我因得到你而获得生路呢？"

蒯通说："赵地的武信君不嫌鄙人没有见识，派人前来请我指点迷津。我马上就要去面见武信君了，我会劝他说：'一

定要先打胜仗才能扩充地盘，进攻得势才能占领城池，我认为这种看法是很危险的。如果您采用我的计策，城池将不战而下，土地将唾手可得，千里之地传一道命令就能平定。’他一定会问：‘怎么才能做到您说的那样呢？’我就趁机回答：‘范阳令徐公本来应该整顿士兵，守城作战，但是他贪生怕死、贪图富贵，所以想向您投降。先投降的人要是得不到您的好处，其他城池的官吏也会相互警告，说范阳县令徐公第一个投降，也难逃一死，这样的话还不如据城固守。于是他们都会将城池弄得固若金汤，无法攻取。想来您也不想看到这样的局面。不如用华丽的马车去迎接范阳令徐公，这样，附近城池的官吏都将奔走相告，相继投降。如此一来，您所面对的形势就会变得如丸走坂一样轻松。这就是我所说的传一道命令就可平定千里之地的计策。’”

徐公再次向蒯通恭敬地行礼，并用车马送蒯通前往武臣的军中。

蒯通把对徐公说过的那些话对武臣说了一遍。武臣采纳了蒯通的计策，派出一百辆马车、二百个骑兵，带着大印去迎接徐公。这件事在燕赵之地不胫而走，接连向武臣投降的城池有三十多座，一切都不出蒯通所料。

【人物小传】

蒯通，本名蒯彻，西汉初范阳人，因为避汉武帝刘彻之讳，汉人称之为蒯通。蒯通辩才无双，善于陈说利害，曾为韩信谋士，韩信死后被刘邦捉拿，后释放，成为相国曹参的宾客。

【点评】

蒯通是用“讲故事”的方式说服对方的，这种方式的好处在于避免直接向对方灌输自己的价值观，表现出自己是设身处地为对方着想的，让抽象的东西变具体，难懂的东西变简单。

【原典】

蒯通，范阳人也，本与武帝同讳。

楚汉初起，武臣略定赵地，号武信君。

通说范阳令徐公曰：“臣，范阳百姓蒯通也，窃闵公之将死，故吊之。虽然，贺公得通而生也。”

徐公再拜曰：“何以吊之？”

通曰：“足下为令十余年矣，杀人之父，孤人之子，断人之足，黥人之首，甚众。慈父孝子所以不敢事刃于公之腹者，畏秦法也。今天下大乱，秦政不施，然则慈父孝子将争接刃于公之腹，以复其怨而成其名。此通之所以吊者也。”

曰："何以贺得子而生也？"

曰："赵武信君不知通不肖，使人候问其死生，通且见武信君而说之，曰：'必将战胜而后略地，攻得而后下城，臣窃以为殆矣。用臣之计，毋战而略地，不攻而下城，传檄而千里定，可乎？'彼将曰：'何谓也？'臣因对曰：'范阳令宜整顿其士卒以守战者也，怯而畏死，贪而好富贵，故欲以其城先下君。先下君而君不利之，则边地之城皆将相告曰"范阳令先降而身死"，必将婴城固守，皆为金城汤池，不可攻也。为君计者，莫若以黄屋朱轮迎范阳令，使驰骛于燕、赵之郊，则边城皆将相告曰"范阳令先下而身富贵"，必相率而降，犹如阪上走丸也。此臣所谓传檄而千里定者也。'"

徐公再拜，具车马遣通。

通遂以此说武臣。武臣以车百乘、骑二百、侯印迎徐公。燕、赵闻之，降者三十余城。如通策焉。

（选自《汉书·蒯通传》）

我愿意就近说说孝文帝的故事

——以史为鉴，对比有力

东方朔作为汉武帝的近臣，经常随侍在身边。

当时，天下逐渐繁华，奢靡之风盛行，工商业逐渐兴起，很多百姓离农经商。这种情形违背了西汉立下的重农抑商政策，所以武帝问东方朔："我想让百姓变得淳朴，有什么好办法吗？"

东方朔回答说："我愿意就近说说孝文帝节俭的事，这是当今年长者都知道的。文帝虽然贵为天子，富有四海，但他一直身着黑色的粗布衣服，脚穿生皮做的靴子，用不加装饰的苇草缠剑柄，宫殿内铺着莞蒲编的简陋草席，仪仗队的兵器像木制的那样没有利刃，棉衣以乱絮铺成且不加刺绣，装奏章的青布袋旧了之后就用作宫殿帷幕。文帝以道德高尚为美，以仁义为准则，所以天下百姓都敬仰他的风范，自然而然地就受到了教化。

"现在陛下嫌长安城地方小，在城外兴建了建章宫。左有凤阙宫，右有神明台，号称一殿之内有千门万户。家具用锦绣装饰，宫人头上簪着玳瑁，设置各种杂耍玩乐的器物，整天游猎作乐，追求装饰的华丽，收集奇珍异兽，乐人整天演戏，郑女一直起舞。您这样奢侈享乐，却偏偏想让百姓淳朴，弃商营农，这是不可能做到的事。陛下如能采用我东方朔的建议，撤去这些华丽的帷帐，在十字路口烧掉它们，放弃饲养良马，让它们自由奔驰，那陛下的功业就可以和三皇相媲美了。希望陛下可以思考一下。”

【人物小传】

东方朔（前154—前93），西汉人。汉武帝即位，东方朔上书自荐，诏拜为郎，后任常侍郎、太中大夫等职。他性格诙谐，滑稽多智，常于武帝前谈笑取乐，虽然多有创作和建树，但是因为出身，汉武帝始终把他当弄臣看待，不加重用。

【点评】

面对汉武帝的困惑，东方朔并没有直接给出答案，而是讲起了汉文帝的故事。东方朔用华丽的辞藻、连续的排比，对比了汉武帝和汉文帝之间的不同，其论说极具气势，具有很强的说服力。

【原典】

时，天下侈靡趋末，百姓多离农亩。上从容问朔：“吾欲化民，岂有道乎？”

朔对曰：“尧、舜、禹、汤、文、武、成、康上古之事，经历数千载，尚难言也，臣不敢陈。愿近述孝文皇帝之时，当世耆老皆闻见之。贵为天子，富有四海，身衣弋绨，足履革舄，以韦带剑，莞蒲为席，兵木无刃，衣缊无文，集上书囊以为殿帷；以道德为丽，以仁义为准。于是天下望风成俗，昭然化之。今陛下以城中为小，图起建章，左凤阙，右神明，号称千门万户；木土衣绮绣，狗马被缋罽；宫人簪玳瑁，垂珠玑；设戏车，教驰逐，饰文采，丛珍怪；撞万石之钟，击雷霆之鼓，作俳优，舞郑女。上为淫侈如此，而欲使民独不奢侈失农，事之难者也。陛下诚能用臣朔之计，推甲乙之帐燔之于四通之衢，却走马示不复用，则尧、舜之隆宜可与比治矣。《易》曰：'正其本，万事理；失之毫厘，差以千里。'愿陛下留意察之。"

（选自《汉书·东方朔传》）

在被陛下处死前，希望能说完这句话

——破釜沉舟，冒死而谏

寒朗，字伯奇，鲁国薛地人。永平年间，他以皇帝传令官的身份代理侍御史，与太尉、司徒、司空的属官共同审理楚王谋反一案。当时，罪犯颜忠、王平等人的供词牵连到隧乡侯耿建、朗陵侯臧信、护泽侯邓鲤、曲成侯刘建等人，而刘建等人却抵死说没有与颜忠、王平见过面。

当时汉明帝大发雷霆，官吏们都很害怕。凡和楚王有牵连的人，一律被牵扯入案中，没有人敢以实情宽大处理。

寒朗非常同情这些受冤屈的同僚，便单独审问颜忠、王平，结果发现他们压根不认识刘建等人。寒朗确定这里面有问题，于是上书说刘建等人并没有反意，纯粹是颜忠、王平二人攀咬诬陷，并且说很多定罪的人其实都是被冤枉的。

汉明帝就召寒朗进宫，问道："刘建等人如果没有罪过，那么颜忠、王平为什么要牵连他们？"寒朗回答道："颜忠、王平自知所犯的是大逆不道之罪，所以有意虚招了这么多人，希望以此表白自己。"

汉明帝怒气冲冲道："如果这四位大臣没有犯罪，为什么不一开始就查明上奏，而让案子拖延至今？"

寒朗答道："我虽查明他们无罪，但是担心还有人揭发他们，所以不敢当即报上来。"

汉明帝发怒骂道："这家伙首鼠两端，快拿下去。"左右的侍卫正要将寒朗拉下去，寒朗说："在被陛下处死前，希望能说完这句话。臣不敢欺君，只是怀有一颗忠心罢了。"

汉明帝怒气稍解，遂问道："谁和你一起写的奏章？"

寒朗回答道："臣自知要做的是灭族之事，不敢多连累别人，只诚恳地希望陛下不要被蒙蔽。我看到调查案件的官员，都说谋反是大罪，作为大臣应该同仇敌忾，宁错抓也不能错放，所以拷问一个连累十个，拷问十个牵扯百个。而在公卿朝会时，陛下问及处理是否得当，大臣们都长跪在地上，众口一词地说，按照从前的制度，叛逆大罪祸及九族，而陛下怀有仁恕之心，只办叛乱者的罪，这是天大的恩赐。等到这些大臣回到家里，口里尽管不说，却长吁短叹，因为没有哪个大臣不知道下狱者十之八九是冤枉的，只是没人敢忤逆陛下而已。我今天放肆地直言，虽死无悔。"

汉明帝听完后，怒火平息，让寒朗出来。两天后，汉明帝亲自到洛阳过问这个大案件，经审核，无罪释放出一千多人。

【人物小传】

汉明帝（28—75），即刘庄，初名刘阳，光武帝刘秀第四子，东汉的第二位君王。汉明帝继位后，遵循光武帝的政治措施，提倡儒学，注重刑名文法，为政苛察。他在位期间，吏治清明，境内安定，国力逐渐从西汉末年的动乱中恢复。

【点评】

古代的君王每天会接到很多进谏，要想分辨是非对错，其实并不容易。这个时候，寒朗以自身性命为“赌注”，表明自己的忠臣立场，让汉明帝先相信自己这个人，再相信自己所说的话。

【原典】

寒朗字伯奇，鲁国薛人也……永平中，以谒者守侍御史，与三府掾属共考案楚狱颜忠、王平等，辞连及隧乡侯耿建、郎陵侯臧信、护泽侯邓鲤、曲成侯刘建。建等辞未尝与忠、平相见。

是时显宗怒甚，吏皆惶恐，诸所连及，率一切陷入，无敢以情恕者。

朗心伤其冤．试以建等物色，独问忠、平，而二人错愕不能对。朗知其诈，乃上言建等无奸，专为忠、平所诬，疑天下无辜类多如此。

帝乃召朗入，问曰：“建等即如是，忠、平何故引之？”朗对曰：“忠、平自知所犯不道，故多有虚引，冀以自明。”帝曰：“即如是，四侯无事，何不早奏，狱竟而久系至今邪？”朗对曰：“臣虽考之无事，然恐海内别有发其奸者，故未敢时上。”帝怒骂曰：“吏持两端，促提下。”左右方引去，朗曰：“愿一言而死，小臣不敢欺，欲助国耳。”帝问曰：“谁与共为章？”对曰：“臣自知当必族灭，不敢多污染人。诚冀陛下一觉悟而已。臣见考囚在事者，咸共言妖恶大故，臣子所宜同疾，今出之不如入之，可无后责。是以考一连十，考十连百。又公卿朝会，陛下问以得失，皆长跪言，旧制大罪祸及九族，陛下大恩，裁止于身，天下幸甚。及其归舍，口虽不言，而仰屋窃叹，莫不知其多冤，无敢忤陛下者。臣今所陈，诚死无悔。”

帝意解，诏遣朗出。后二日，车驾自幸洛阳狱录囚徒，理出千余人。

（选自《后汉书·寒朗传》）

不入虎穴，不得虎子

——比喻巧妙，生动形象

东汉永平十六年，在奉车都尉窦固的引荐下，班超和军中从事郭恂一起出使西域。

班超等人到了鄯善国，鄯善国的国王广非常恭敬地接待了班超一行人等。可是过了几日，不知怎的，鄯善国王的态度突然变得疏远怠慢起来。

班超对随行的人说："你们有没有觉得，鄯善王广最近对我们的态度突然变得淡漠了呢？这一定是因为匈奴派了使者来到这里，他犹豫不决，不知该顺从哪边了。"随后他叫来一名服侍汉使的鄯善人，试探他说："匈奴的使者已经来了好几天了，他们现在在哪里啊？"这人一听，以为班超早已知晓，就一五一十地把所知道的情况全部招认了出来。班超于是将这名鄯善人关押起来，并召集属吏和士卒三十六人一起喝酒。

等到喝得非常尽兴的时候，趁着酒劲儿，班超有意激怒这些属吏，对他们说："诸位和我现在都身处极为遥远的地方，为的就是建功立业，求取荣华富贵。如今匈奴的使者来到这里才没几天，鄯善王广对我们就怠慢了，如果他派人将我们抓起来送到匈奴那里去，那我们的骸骨一定会被拿去喂豺狼的。形势紧迫，我们该怎么办啊？”

属吏们都说：“我们现在已经到了非常危急的时刻，是死是活都听您吩咐。”班超说：“不入虎穴，不得虎子。现在最好的办法，只有趁天黑用火攻。匈奴使者不知道我们究竟有多少人，肯定极为惊恐，可以趁机将他们一网打尽。如果我们消灭了这些匈奴人，那么鄯善就会大为震惊，害怕我们，这样一来就大功告成了。”

众人说：“这件事应当和郭从事商议一下。”班超生气地说：“是吉是凶全在于今日。郭从事是个拘守礼法的文弱官吏，听到我们的计划一定会惊恐万分，弄不好还会把我们的谋划泄露出去，到时候大家死得不明不白，可就不是壮士的所作所为了！”

大家齐声说：“好！”

初更的时候，班超就带领部下奔往匈奴人的营地。这时正好刮起了大风，班超命令十个人拿着军鼓隐藏在敌营后面，和他们约定说：“你们一看见大火燃烧起来，就擂响战鼓、大声喊叫。”其余的人则全都手持兵刃、带着硬弓埋伏在寨门两旁。班超顺着风势放起大火，众人紧接着前前后后一起擂鼓呐喊。匈奴人见状大惊，不知所措，一片混乱，班超亲手格杀了三个敌人，部下也斩杀了三十多个匈奴使者以及随从护卫，其余的一百多人则统统被大火烧死了。

第二天，班超才向郭恂汇报这件事。郭恂听后非常震惊，脸色霎时变得惨白。班超知道他的为人，明白他的心思，就把双手举上额头敬礼，说道：“您虽然没有一起参与我们的行动，但是我班超又哪有胆量独自占有这份功劳呢？”

郭恂听到这话之后才高兴起来。

【人物小传】

班超（32—102），字仲升，史学家班彪的小儿子，其长兄班固、妹妹班昭也是著名史学家。班超从小志向远大，口才很好，具有非凡的政治和军事才能，曾多次出使西域，为西域回归、民族融合做出了贡献。

【点评】

班超和属吏到达鄯善国后处于危险之中，依据情势，班超想出了夜里偷袭敌营的策略。为此，班超说服众属吏听从自己的安排，果断采取行动。他对他们说：“不入虎穴，不得虎子。”这句话以虎穴比喻危险的地方和处境，以虎仔比喻平安和成功，生动形象且十分巧妙地说明了身处险境之中，只有冒险拼搏才能获得成功的道理。

【原典】

十六年，奉车都尉窦固出击匈奴，以超为假司马，将兵别击伊吾。战于蒲类海，多斩首虏而还。固以为能，遣与从事郭恂俱使西域。

超到鄯善，鄯善王广奉超礼敬甚备，后忽更疏懈。超谓其官属曰："宁觉广礼意薄乎？此必有北虏使来，狐疑未知所从故也。明者睹未萌，况已著邪。"乃召侍胡诈之曰："匈奴使来数日，今安在乎？"侍胡惶恐，具服其状。超乃闭侍胡，悉会其吏士三十六人，与共饮，酒酣，因激怒之曰："卿曹与我俱在绝域，欲立大功，以求富贵。今虏使到裁数日，而王广礼敬即废；如令鄯善收吾属送匈奴，骸骨长为豺狼食矣。为之奈何？"官属皆曰："今在危亡之地，死生从司马。"超曰："不入虎穴，不得虎子。当今之计，独有因夜以火攻虏，使彼不知我多少，必大震怖，可殄尽也。灭此虏，则鄯善破胆，功成事立矣。"众曰："当与从事议之。"超怒曰："吉凶决于今日。从事文俗吏，闻此必恐而谋泄，死无所名，非壮士也！"众曰："善！"初夜，遂将吏士往奔虏营。会天大风，超令十人持鼓藏虏舍后，约曰："见火然，皆当鸣鼓大呼。"余人悉持兵弩夹门而伏。超乃顺风纵火，前后鼓噪。虏众惊乱，超手格杀三人，吏兵斩其使及从士三十余级，余众百许人悉烧死。明日乃还告郭恂，恂大惊，既而色动。超知其意，举手曰："掾虽不行，班超何心独擅之乎？"恂乃悦。

（选自《后汉书·班超传》）

王允大人的寿命恐怕也不长了

——舌利目明，具有远见

东汉末年，军阀董卓篡权祸国，司徒王允用计离间吕布与董卓的关系，最后促使吕布行刺了董卓。

董卓被诛灭后，蔡邕到司徒王允那儿做客，谈话中无意间涉及董卓之死的话题，长叹了一声。为什么蔡邕会叹息呢？因为早年，蔡邕直言进谏得罪了宦官，一度遭到宦官所派刺客的追杀，他在民间一躲就是十二年。董卓虽然凶残，但对他很尊重，曾经三天之内让他连升三级。

但没有想到这一声叹息，却惹来了杀身大祸。王允当场勃然大怒，呵斥道："董卓是危害国家的奸臣，他几乎颠覆了汉朝皇室。你是汉朝的臣子，应该跟大家一样对他深恶痛绝，为什么在这儿悲伤惋惜？难不成你是他的同党？"

说完，立即叫人将蔡邕捆绑起来交廷尉审讯。蔡邕自知言行有失，当即向王允谢罪。王允还是怒气冲天地说要将他重重治罪。蔡邕请求能够免去一死，哪怕是在脸上刺字、砍去双脚也行，希望能让他修完汉史。

在场的士大夫们大多怜悯蔡邕，纷纷为他求情，王允依然不允。太尉马日磾闻讯，骑马匆匆赶来，劝王允说：“蔡邕是当代少有的才子，对汉朝史事十分熟悉，应当让他完成史书的续修，这将成为我们大汉的经典巨著。况且他对大汉的忠诚素来为天下人所称誉，您对他的判罪也缺乏有力的依据，杀掉他岂不是大失人心吗？”

王允说：“当年汉武帝不杀掉司马迁，结果让他写出了诽谤朝廷的史书，流毒于后世。而今国运中道衰落，朝廷政权又不稳固，万万不可让奸佞的同党在年幼的皇帝身边执笔写史。否则，不但对圣上德行的培养无所裨益，还会使我辈忠臣蒙受他的歪曲讽刺。”

马日磾告退出来后对别人说：“王允大人的寿命恐怕也不长了。有德之人，是国家的纲纪；史著，是国家的经籍典则。现在毁纲灭纪，废弃典则，不能容人容事，这样的人寿命还会长久吗？”

不久，王允后悔了，觉得自己对蔡邕的处罚不当，派人去释放他。但是为时已晚，蔡邕已死于狱中。

【点评】

王允疾恶如仇是对的，但对旷世逸才蔡邕的治罪却有失公允。在这个故事里，王允看似振振有词，但从他诋毁司马迁的《史记》可以看出，他并不是一个成熟、有雅量的政治家。正像马日磾预测的那样，王允不久后也死于政治斗争。可怜一代学者蔡邕，早期没有被宦官害死，董卓之乱时也没有丧命，最后却因一声叹息而被杀。马日磾虽然在争辩时没能说服王允，但就他最后对事件的判断可以看出，他舌利而目明，具有远见。这场争辩真正的赢家是他，而不是王允。

【原典】

及卓被诛，邕在司徒王允坐，殊不意言之而叹，有动于色。允勃然叱之曰："董卓国之大贼，几倾汉室。君为王臣，所宜同忿，而怀其私遇，以忘大节！今天诛有罪，而反相伤痛，岂不共为逆哉？"

即收付廷尉治罪。邕陈辞谢，乞黥首刖足，继成汉史。士大夫多矜救之，不能得。太尉马日磾驰往谓允曰："伯喈旷世逸才，多识汉事，当续成后史，为一代大典。且忠孝素著，而所坐无名，诛之无乃失人望乎？"

允曰："昔武帝不杀司马迁，使作谤书，流于后世。方今国祚中衰，神器不固，不可令佞臣执笔在幼主左右。既无益圣德，复使吾党蒙其讪议。"

日磾退而告人曰："王公其不长世乎？善人，国之纪也；制作，国之典也。灭纪废典，其能久乎！"

邕遂死狱中。允悔，欲止而不及。

（选自《后汉书·蔡邕传》）

孔圣人也有人诽谤，何况家父

——兵来将挡，水来土掩

汝南人袁隗的妻子是扶风人马融的女儿，名叫马伦。马伦从小就有学问和辩才。她的父亲马融是当时的名儒，家族世代都比较富裕，因此马伦出嫁时嫁妆盛多。

在结婚之日，马伦与袁隗在众亲友面前行了大礼，之后进入新房。丈夫袁隗问新娘马伦："妻子嫁到夫家只要侍奉丈夫、料理家务就可以了，为何要置办如此珍贵华丽的嫁妆呢？"

马伦答道："这是慈爱双亲对我的关照，做儿女的不敢违背他们的意思。如果您要仰慕、学习名士鲍宣、梁鸿的高尚节操，那我也会仿效少君、孟光的做法。"

袁隗又说："弟弟比哥哥先做官，这要受到世人的耻笑。而今，你姐姐还未出嫁，你就先嫁，这样好吗？"

马伦说："我姐姐德行高超，还没遇见优秀的配偶，所以至今未嫁，不像我这样浅陋粗鄙，随随便便找个人嫁了就算了。"

袁隗问道："你父亲学问渊博深厚，文章写得很好，为世所宗，可他在所任官职的地方，却因钱财之事而声誉受损，这是

为什么？”

马伦应对道：“像孔子这样的大圣人，还免不了受到武叔的诽谤；子路这样的大贤人，还受到伯寮的非议。所以家父声誉受到损害，不足为怪。”

听完妻子这一席话，袁隗知道难不住新婚妻子。在新房外偷听的袁家亲友，都替袁隗感到惭愧，不得不佩服马伦的口才。

【点评】

这出新婚夫妻的“斗嘴戏”精彩有趣，马伦不愧为名门才女。袁隗对马伦本人、其姐、其父，一一质难。换了笨嘴拙舌的新妇，早就面红耳赤败下阵去，而马伦却“兵来将挡，水来土掩”，不急不躁，沉着应对，显示了卓越的口才。

【原典】

汝南袁隗妻者，扶风马融之女也，字伦。隗已见前传。伦少有才辩。融家世丰豪，装遣甚盛。及初成礼，隗问之曰：“妇奉箕帚而已，何乃过珍丽乎？”

对曰：“慈亲垂爱，不敢逆命。君若欲慕鲍宣、梁鸿之高者，妾亦请从少君、孟光之事矣。”

隗又曰：“弟先兄举，世以为笑。今处姊未适，先行可乎？”

对曰：“妾姊高行殊邈，未遭良匹，不似鄙薄，苟然而已。”

又问曰：“南郡君学穷道奥，文为辞宗，而所在之职，辄以货财为损，何邪？”

对曰：“孔子大圣，不免武叔之毁；子路至贤，犹有伯寮之诉。家君获此，固其宜耳。”

隗默然不能屈，帐外听者为惭。

（选自《后汉书·列女传》）

中断学习，跟剪断这匹布没什么不同

——以布喻学，说理形象

西汉时期，河南郡有一个十分贤惠的女子，嫁给了乐羊子。

有一回，乐羊子在路上捡到一块金子，回到家把它交给了妻子。妻子对乐羊子说："我听说有志之士不喝名叫盗泉的水，廉洁的人不吃轻蔑施舍的饭食，何况是捡别人遗失的东西来据为己有呢！这不是糟蹋自己的名声吗？"

乐羊子听后感到很惭愧，就把金子扔到野外，并决定出远门去拜师求学。刚过了一年，乐羊子就回到家里。妻子在他面前跪了下来，问他回家的缘故。乐羊子说："就是出门太久想家了，没有别的什么原因。"

妻子于是拿起剪刀，快步走到织布机旁，指着一匹织好的布，对乐羊子说："这匹布的原料来源于蚕茧，之后在织布机和梭子之间一点一点织成。这个过程是从一根细丝开始的，然后织成了一寸，再一寸一寸不断累积，最终才织成一丈、织成一匹。如果现在我剪断这匹布，那就前功尽弃，也荒废了时间。夫君您积累学问，就应当每天都学到自己不懂的东西，以此来成就自己的美德。如果中途回家，跟剪断这匹布有什么不同呢？”

乐羊子被她这一番话打动，于是又回去修完了学业，中间七年都没有回家。

【点评】

乐羊子拾金，他的妻子劝告他说“有志之士不喝名叫盗泉的水，廉洁的人不吃轻蔑施舍的饭食”，以类推的方式说明乐羊子的做法不可取。乐羊子外出求学，因思家而返，她又以布匹比喻学问，以织布过程比喻求学过程，向乐羊子说明求学应当持之以恒，不能半途而废的道理，说理形象具体。

【原典】

河南乐羊子之妻者，不知何氏之女也。羊子尝行路，得遗金一饼，还以与妻。妻曰：“妾闻志士不饮盗泉之水，廉者不受嗟来之食，况拾遗求利，以污其行乎！”羊子大惭，乃捐金于野，而远寻师学。一年来归，妻跪问其故。羊子曰：“久行怀思，无它异也。”妻乃引刀趋机而言曰：“此织生自蚕茧，成于机杼，一丝而累，以至于寸，累寸不已，遂成丈匹。今若断斯织也，则捐失成功，稽废时月。夫子积学，当日知其所亡，以就懿德。若中道而归，何异断斯织乎？”羊子感其言，复还终业，遂七年不反。

（选自《后汉书·列女传》）

再忙，也有“三余”时间可用

——先出字谜，然后解说

东汉兴平年间，关中李傕等人作乱，董遇与哥哥投奔到段煨将军处。他们经常上山打柴，靠卖柴维持生活。每次上山打柴时，董遇都会带着书，一有空闲就拿出书来诵读。哥哥有时讥笑他，但他照样读书不辍。

董遇对《老子》很有研究，为它作了注释；对《左氏传》也下过功夫，根据研究心得写成《朱墨别异》，并因此名声远扬。

附近的读书人请董遇去讲学，传授读书的窍门。他不肯教，说：“书是靠自己读出来的。”

请教的人说：“像《老子》这样的书，我读了三遍，都没有读明白啊！”董遇说：“你读三遍没有懂，那就读十遍，还是不懂的话，可以再读。像这样经典的书，你甚至可以读上一百遍。我送你一句话：‘书读百遍，其义自见。’”

请教的人说：“我家有农田，得天天做农活。虽愿依先生之言读书，但苦于没有时间啊。”

董遇说：“农事再忙，也有‘三余’时间可用。”

请教的人不解地问：“‘三余’是什么？”

董遇说：“冬天没农活干，是一年里的空闲时间；夜间不便下地干活，是一天里的空闲时间；阴雨天无法干活，也是一种空闲时间。”

【点评】

本篇中，董遇向请教的人先抛出一个新鲜奇特的“字谜”，引起别人的兴趣，然后再慢慢解说。这就是董遇的说话之术。

【原典】

（董）遇字季直，性质讷而好学。兴平中，关中扰乱，与兄季中依将军段煨。采稆负贩，而常挟持经书，投闲习读，其兄笑之而遇不改……

遇善治《老子》，为《老子》作训注。又善《左氏传》，更为作《朱墨别异》。人有从学者，遇不肯教，而云：“必当先读百遍！”言：“读书百遍而义自见。”

从学者云：“苦渴无日。”

遇言：“当以‘三余’。”或问“三余”之意。遇言：“冬者岁之余，夜者日之余，阴雨者时之余也。”

（选自《三国志·魏书·王肃传》注引《魏略》）

您有十胜，何愁不能击败袁绍

——条分缕析，对比论证

袁绍想要征讨北方的公孙瓒，于是写信向曹操借粮，言辞十分傲慢。

曹操担心袁绍战胜公孙瓒之后南下攻击自己，因而十分忧虑。

曹操对郭嘉说："袁绍坐拥冀州、青州和并州，兵多粮足。我想要去讨伐他，但是又担心打不过，怎么办？"

郭嘉回答说："大家都知道，刘邦本来打不过项羽，最终却以智取胜。项羽虽然很厉害，但是最后还是被汉高祖刘邦打败。我私下里认为，现在袁绍有十个方面输于您，您有十个方面胜于他，袁绍虽然强，却不能把您怎么样。

"袁绍礼仪太多；您自然得体。这是道胜于他。

"袁绍是个叛贼；而您致力于复兴汉室。这是义胜于他。

"汉末之危，是因为在治国理政上过于宽纵，袁绍沿袭汉朝的错误，不能整饬危局；而您拨乱反正，严于治政，全军上下都依法行事。这是治胜于他。

“袁绍表面上宽宏大量，内心却多疑，任人唯亲；而您用人不疑，唯才是举，不论亲疏。这是气度上胜于他。

“别人提意见时，袁绍总是举棋不定、犹豫不决；而您有了决策就实行，随机应变。这是谋略上胜于他。

“袁绍沽名钓誉，投靠他的大多是滥竽充数之流；而您以诚待人，忠诚、正直、有远见的人都愿意为您所用。这是品德上胜于他。

“袁绍见到人饥饿寒冷，非常怜悯，但流于表面，他看不到的就不放在心上；您对待小事有时会有疏忽，遇到大事时却思虑周全。这是仁胜于他。

“袁绍的大臣争权夺势，用谗言惑乱视听；而您用道德统御部下，杜绝谗言。这是明智上胜于他。

“袁绍不辨是非；而您认为正确的事就用礼来推行它，错误的事就用法律来纠正它。这是法度教化上胜于他。

“袁绍喜欢虚张声势，不懂用兵之道；而您用兵如神，能够以少胜多。这是军事上胜于他。

“曹公有了这十胜，何愁不能击败袁绍！”

曹操笑着说：“我哪里承受得起你这样的夸赞啊！”

郭嘉又说：“袁绍现在要攻打公孙瓒，您可以趁机消灭我们东边的吕布。否则，将来和袁绍交战的时候，吕布来支援他，就麻烦了。”

曹操于是攻打吕布，屡战屡胜。吕布退而固守，曹操便想要率兵回去，但是郭嘉说服曹操继续攻打他，终于擒住了吕布。

【人物小传】

曹操（155—220），字孟德，三国曹魏政权的奠基人。东汉末年，天下大乱，曹操以汉天子的名义征讨四方，消灭割据势力，统一了中国北方。他还实行一系列政策恢复生产和社会秩序，使中原社会渐趋稳定。

【点评】

郭嘉见曹操对战胜袁绍信心不足，便提出“十胜十败”之说，条分缕析，详细对比了曹操的优势、袁绍的劣势。这样不仅能打消曹操的顾虑，还能鼓舞人心，让曹操知道袁绍不足为虑，他迟早能打败袁绍。

【原典】

太祖谓嘉曰：“本初拥冀州之众，青、并从之，地广兵强，而数为不逊。吾欲讨之，力不敌，如何？”

对曰：“刘、项之不敌，公所知也。汉祖唯智胜；项羽虽强，终为所擒。嘉窃料之，绍有十败，公有十胜，虽兵强，无能为也。绍繁礼多仪，公体任自然，此道胜一也。绍以逆动，公奉顺以率天下，此义胜二也。汉末政失于宽，绍以宽济宽，故不摄，公纠之以猛而上下知制，此治胜三也。绍外宽内忌，用人而疑之，所任唯亲戚子弟，公外易简而内机明，用人无疑，唯才所宜，不间远近，此度胜四也。绍多谋少决，失在后事，公策得辄行，应变无穷，此谋胜五也。绍因累世之资，高议揖让以收名誉，士之好言饰外者多归之，公以至心待人，推诚而行，不为虚美，以俭率下，与有功者无所吝，士之忠正远见而有实者皆愿为用，此德胜六也。绍见人饥寒，恤念之形于颜色，其所不见，虑或不及也，所谓妇人之仁耳，公于目前小事，时有所忽，至于大事，与四海接，恩之所加，皆过其望，虽所不见，虑之所周，无不济也，此仁胜七也。绍大臣争权，谗言惑乱，公御下以道，浸润不行，此明胜八也。绍是非不可知，公所是进之以礼，所不是正之以法，此文胜九也。绍好为虚势，不知兵要，公以少克众，用兵如神，军人恃之，敌人畏之，此武胜十也。”

太祖笑曰：“如卿所言，孤何德以堪之也！”

嘉又曰：“绍方北击公孙瓒，可因其远征，东取吕布。不先取布，若绍为寇，布为之援，此深害也。”

太祖曰：“然。”

（《三国志·魏书·郭嘉传》注引《傅子》）

雍季之论，臼犯之谋

——用典精妙，一举三得

东汉末年，董卓专权，地方诸侯趁机以“讨董”为名割据一方，争夺地盘。

长沙太守孙坚北上讨董，逼死了荆州刺史王叡。王叡死后，董卓派刘表继任荆州刺史。

当时的长江中游以南地区，豪强大族作威作福，形成了多个地方割据势力。

刘表轻车简从地进入宜城，邀请中庐人蒯良、蒯越及襄阳人蔡瑁等共谋大计。

刘表问道：“荆州豪强大族作威作福，百姓不敢依靠官府，袁术也趁机兴风作浪。我想征兵剿灭他们，但是又怕没有人应募，各位有什么办法吗？”

蒯良说：“老百姓不愿意归附，是因为仁不足；老百姓归附后却无法兴治，是因为义不足。如果施行仁义，那么百姓一定会踊跃从军，到时候您还怕没有人吗？”

刘表又问蒯越，蒯越说：“天下太平的时候，当然要广布仁

义；如今天下大乱，不妨权谋为先。兵不在多，重点在于能够得到他们的忠心和支持。豪强大族的首领大多贪婪残暴，部众离心离德。大人如果请他们来赴宴，他们一定有恃无恐，欣然前来。大人可以在宴席上把他们全杀了，再安抚他们的部众，一定能将他们收为己用。百姓听说大人能除掉这些为害一方的恶贼，一定会扶老携幼投奔大人。然后大人再整备军队，向南占领江陵，向北设防于襄阳，那么荆州八郡可以传檄而定。到时候，袁术就算是来了，也无能为力。”

刘表感叹说：“蒯良的话，可以说是雍季之论；蒯越的计策，可以说是臼犯之谋。”便让蒯越派人诱请地方豪强五十五人赴宴，将他们全部斩首示众。这样，刘表不仅收服了他们的部众，还顺势控制了荆州的大部分地区。

【人物小传】

刘表（142—208），字景升，汉末群雄之一。在荆州期间，刘表爱民养士。然而刘表无四方之志，后更宠溺后妻蔡氏，让妻族蔡瑁等人得权。刘表病逝后，蔡瑁等人废长立幼，奉次子刘琮为主。曹操南征，刘琮举州投降。

【点评】

春秋晋国与楚国城濮之战时，晋文公手下的谋臣臼犯主张用诈谋，雍季说诈谋虽能得逞于一时，但不是取胜的长久之计。刘表点评蒯良、蒯越，用了“雍季之论”“臼犯之谋”的典故，表达出了三层意思：第一层，蒯良、蒯越提出的计谋与雍季、臼犯的言论类似；第二层，刘表将蒯良、蒯越比作辅佐晋文公称霸的雍季、臼犯；第三层，刘表将自己比作晋文公。一个用典，既称赞了雍季、臼犯，又肯定了蒯良、蒯越，还拔高了自己，可谓一举三得。

【原典】

刘表之初为荆州也，江南宗贼盛……各阻兵作乱。

表初到，单马入宜城，而延中庐人蒯良、蒯越，襄阳人蔡瑁与谋。

表曰：“宗贼甚盛，而众不附，袁术因之，祸今至矣！吾欲征兵，恐不集，其策安出？”

良曰：“众不附者，仁不足也；附而不治者，义不足也。苟仁义之道行，百姓归之如水之趣下，何患所至之不从而问兴兵与策乎？”

表顾问越，越曰：“治平者先仁义，治乱者先权谋。兵不在多，在得人也。袁术勇而无断，苏代、贝羽皆武人，不足虑。宗贼帅多贪暴，为下所患。越有所素养者，使示之以利，必以众来。君诛其无道，抚而用之。一州之人，有乐存之心，闻君盛德，必襁负而至矣。兵集众附，南据江陵，北守襄阳，荆州八郡可传檄而定。术等虽至，无能为也。”

表曰："子柔之言，雍季之论也。异度之计，臼犯之谋也。"遂使越遣人诱宗贼，至者五十五人，皆斩之。袭取其众，或即授部曲……江南遂悉平。

（《三国志·魏书·刘表传》注引《战略》）

此次也是为了吴国而来

——以诚相待，有理有据

在刘备去世之前，吴主孙权曾希望吴蜀两国讲和，刘备也曾多次派使者回访东吴商议此事。刘备去世后，诸葛亮担心孙权会趁机做出什么不利于蜀国的事情，很是烦恼。

就在这时，邓芝前来献计："丞相，后主年幼，且刚刚即位，应该立刻派使者前往东吴，与吴国修好。"

诸葛亮也明白这个道理，但一直苦于没有合适的出使人选。听了邓芝的话，他决定派遣邓芝前往东吴。

孙权知道邓芝前来，心存疑虑，并没有立即接见他。邓芝于是上表请求觐见，说："我此次前来不仅是为了蜀国，也是为了吴国啊。"孙权这才接见了他。

孙权对邓芝说："我的确有亲善蜀国的想法，但唯恐蜀主年幼，能力弱小，不能抵御强国，被魏国欺凌了也没有能力保全自己，所以才心存犹豫。"

邓芝听后回答说："大王，现如今吴、蜀二国共占据了四州的土地。您是当世的大英雄，我们丞相诸葛亮也是一代人杰。

蜀国地理位置特殊，有重重天险可以御守外敌，东吴则有三江作为屏障保护一方百姓。有了这两个长处，我们两国再互相合作，共为唇齿之邦，进可并吞天下，退可鼎足三分！但是，如果大王想要投靠魏国，魏国即使不要求您前去朝拜，也会让您的太子进朝作为人质。如果您不从命，岂不是给了魏国讨伐东吴的借口？到时候我们蜀国也只能随势顺流，见机行事了。真到那一天，东吴的江山恐怕就不保了！”

孙权听完这一席话，沉默良久，叹了口气说：“你所言极是啊！”

于是，孙权就主动与魏国绝交了，转而与蜀国联合起来，还派遣使者张温回访蜀国。有来有往，蜀国再派邓芝前往东吴。

孙权这次看见邓芝后说道：“如果天下太平了，二主分治天下，该多么令人高兴啊！”

邓芝听后说：“天无二日，地无二主！如果吴、蜀真的联合一起，吞灭了魏国，大王您也不知道天命到底要把天下许赐给谁。到时候，君主光大仁德，臣子各尽忠心，将领擂鼓征战——双方的战争恐怕就要开始了。”

孙权听后不但没有生气，反而大笑说：“你确实诚实啊！”

随后，孙权就给诸葛亮写了一封信，在信中说道：“能让我们两国交好的人，唯有邓芝。”

【人物小传】

邓芝（？—251），字伯苗，东汉名将邓禹的后人，蜀汉重臣之一。

邓芝为人正直廉洁，做官后还曾和妻子度过了一段饥寒的日子，死后家中也没有多余的财物。邓芝为将二十多年，始终赏罚分明，体恤士卒。

【点评】

邓芝知道蜀汉的弱点在于蜀主年幼，不足以令人信服，于是他在劝说孙权的时候，扬长避短，大谈蜀国的地理优势和人才优势，然后有理有据地分析了吴国联合蜀国和投靠魏国将会面临的不同形势。而后面对“二主治国”这一难题，邓芝也诚实回答、巧妙应对，最后吴蜀和平相交四十年。

【原典】

先主薨于永安。先是，吴王孙权请和，先主累遣宋玮、费祎等与相报答。丞相诸葛亮深虑权闻先主殂陨，恐有异计，未知所如。芝见亮曰：“今主上幼弱，初在位，宜遣大使重申吴好。”亮答之曰：“吾思之久矣，未得其人耳，今日始得之。”芝问：“其人为谁？”亮曰：“即使君也。”乃遣芝修好于权。

权果狐疑，不时见芝，芝乃自表请见权曰：“臣今来亦欲为吴，非但为蜀也。”权乃见之，语芝曰：“孤诚愿与蜀和亲，然恐蜀主幼弱，国小势逼，为魏所乘，不自保全，以此犹豫耳。”芝对曰：“吴、蜀二国四州之地，大王命世之英，诸葛亮亦一时之杰也。蜀有重险之固，吴有三江之阻。合此二长，共为唇齿，进可并兼天下，退可鼎足而立，此理之自然也。大王今若委质于魏，魏必上望大王之入朝，下求太子之内侍。若不从命，则奉辞伐叛，蜀必顺流见可而进。如此，江南之地非复大王之有也。”权默然良久曰：“君言是也。”遂自绝魏，与蜀连和，遣张温报聘于蜀。

蜀复令芝重往，权谓芝曰："若天下太平，二主分治，不亦乐乎！"芝对曰："夫天无二日，土无二王。如并魏之后，大王未深识天命者也，君各茂其德，臣各尽其忠，将提枹鼓，则战争方始耳。"权大笑曰："君之诚款，乃当尔邪！"权与亮书曰："丁厷掞张，阴化不尽；和合二国，唯有邓芝。"

（选自《三国志·蜀书·邓芝传》）

我和主公亲如骨肉，你是说服不了的

——先发制人，切中肯綮

曹操听说周瑜年纪轻轻而有卓越的才干，于是偷偷南下扬州，派遣蒋干去拉拢周瑜。蒋干字子翼，仪表堂堂，以富有辩才著称，独步江淮，没有人能说得过他。可以说，他是游说周瑜的不二人选。蒋干领命后，身穿布衣，头戴葛巾，来到周瑜的府前，对传信的小吏说自己因为私人的事情要拜会周瑜。

周瑜听说后，出来迎接蒋干，一见面就对他说：“子翼，你真是用心良苦啊！跋山涉水来看我不会是为曹操当说客吧？”

听周瑜这么一问，蒋干忙说：“我和您是同乡，虽然分别多年，但早就仰慕您的大名，这次前来就是为了叙叙旧，欣赏一下您高雅的风范。而您却把我当成说客，岂不是胡乱猜疑别人吗？”

周瑜说：“我虽然不如古代乐师夔、旷那样懂得音乐，但也还是能听出一些弦外之音的。”说完，周瑜邀蒋干入室并设置酒宴款待，宴饮之后借故离开，让蒋干回房等他。

一晃过了三天，周瑜邀请蒋干一起到军营中察看。他们到仓库中看完军用物资、兵器后，又来到宴饮的地方。周瑜把服侍自己的人，所用服装、饰物、珍玩等一一展示给蒋干看，然后对他说："大丈夫处在世间，遇到知己的主公，对外虽以君臣名义示人，对内则缔结骨肉亲情，一起承担福祉与祸患。即便是苏秦、张仪、郦食其这些善于游说的人复出，也无法离间，何况是您了？"

蒋干听到这番话笑了起来，心知其意，最终也没有说话。他回到曹操那里后，向曹操称赞周瑜，说他有雅量，又高风亮节，和孙权的关系不是言辞所能离间的。

【点评】

蒋干受曹操之命去拉拢周瑜，反倒被周瑜说服了。周瑜先发制人，表明自己忠于孙权的志向："大丈夫处在世间，遇到知己的主公，对外虽以君臣名义示人，对内则缔结骨肉亲情，一起承担福祉与祸患。"这句话分析了他与孙权之间"骨肉亲情"的关系，切中肯綮，使得蒋干无法继续游说。

【原典】

初曹公闻瑜年少有美才，谓可游说动也，乃密下扬州，遣九江蒋干往见瑜。干有仪容，以才辩见称，独步江、淮之间，莫与为对。乃布衣葛巾，自托私行诣瑜。瑜出迎之，立谓干曰："子翼良苦，远涉江湖为曹氏作说客邪？"干曰："吾与足下州里，中间别隔，遥闻芳烈，故来叙阔，并观雅规，而云说客，无乃逆诈乎？"瑜曰："吾虽不及夔、旷，闻弦赏音，足知雅曲也。"因延干入，为设酒食。毕，遣之曰："适吾有密事，且出就馆，事了，别自相请。"后三日，瑜请干与周观营中，行视仓库军资器仗讫，还宴饮，示之侍者服饰珍玩之物，因谓干曰："丈夫处世，遇知己之主，外托君臣之义，内结骨肉之恩，言行计从，祸福共之，假使苏、张更生，郦叟复出，犹抚其背而折其辞，岂足下幼生所能移乎？"干但笑，终无所言。干还，称瑜雅量高致，非言辞所间。

（《三国志·吴书·周瑜传》注引《江表传》）

臣是为社稷考虑

——坚持原则，敢于直言

为了充实首都许昌地区的人口，魏文帝曹丕想要迁徙河北冀州十万户士卒和他们的家庭。当时河北冀州正好发生了旱灾，随后又发生了蝗灾，百姓普遍陷入饥荒之中，百官认为迁徙计划不可取，但是魏文帝的态度非常坚定。

侍中辛毗和其他朝臣一起去求见魏文帝，魏文帝知道他们想要进谏，所以脸色难看地等着他们。各位大臣一看魏文帝的脸色，都不敢说话。一阵沉默后，辛毗说道："陛下想要迁徙士卒家庭，到底是如何计划的呢？"

魏文帝反问道："你认为我说的迁徙计划不对吗？"

辛毗回答道："是的。"

魏文帝说："那我就没有什么想和你说的了。"

辛毗说："陛下不认为臣才疏学浅，而将臣安置于身边做一个提供建议的官员，哪能不与臣议论呢？臣的话不是为了个人利益，而是为了社稷考虑，怎么可以对臣生气呢？"

文帝不应答，径直起身回殿内。辛毗紧随其后拉住魏文帝的衣襟，文帝头也不回地走了。过了好久才出来说："佐治，你对我为什么逼得这么急呢？"

辛毗说："现在迁徙，既不得民心，又不能为他们提供食物，所以臣不敢不竭力争辩啊。"

最后，文帝只得重新计划，只迁徙了原计划一半的户口。

【人物小传】

辛毗，字佐治。辛毗最初跟随其兄效力于袁绍，曹操攻下邺城后，辛毗受到赏识担任议郎，后为丞相长史，之后一直作为曹魏的重要官员，在曹魏代汉的过程中发挥了重要作用。辛毗性格刚直，以忠正闻名于世，当时人评价他"毗实亮宜，然性刚而专"。

【点评】

辛毗在别人不敢说话之时，挺身而出——其他同僚的沉默，是一种无声的压力。然后他不加修饰，用直接而强烈的语言，在众目睽睽之下，逼迫文帝让步，根本不给文帝推脱的空间。

【原典】

帝欲徙冀州士卒家十万户实河南。时天旱，蝗，民饥，群司以为不可，而帝意甚盛。侍中辛毗与朝臣俱求见，帝知其欲谏，作色以待之，皆莫敢言。毗曰："陛下欲徙士家，其计安出？"帝曰："卿谓我徙之非邪？"毗曰："诚以为非也。"帝曰："吾不与卿议也。"毗曰："陛下不以臣不肖，置之左右，厕之谋议之官，安能不与臣议邪！臣所言非私也，乃社稷之虑也，安得怒臣！"帝不答，起入内；毗随而引其裾，帝遂奋衣不还，良久乃出，曰："佐治，卿持我何太急邪！"毗曰："今徙，既失民心，又无以食也，故臣不敢不力争。"帝乃徙其半。

（选自《资治通鉴·魏纪一》）

同为吊丧，季孙与你竟如此不同

——巧抓漏洞，化解争执

北魏孝文帝时，掌管政权的冯太后去世了，南齐派遣的使臣裴昭明、谢竣等人前来吊唁，但他们依旧穿着南朝的朱色朝服。北魏主客官说：“吊丧历来都有礼仪规矩，怎么能身穿艳丽的衣服呢？”裴昭明等人口气十分强硬地说：“我等本是奉命前来，不能擅自做主更换朝服。”双方各执一词，陷入了僵局。

孝文帝听说了这件事情，便派成淹前去处理。

裴昭明见成淹前来就问道：“魏朝不许我等穿朝服吊唁，不知是何道理，请问有何圣典可依？”成淹回答说：“吉事凶事各有其礼节规矩。着玄冠朝服不得吊唁，这是孩童都知道的事。古有季孙，将要吊丧，行前专程去请教丧事礼节，这件事情后来还传为美谈。如今你等奉命奔丧，却不遵守既定礼仪，还问我有何典故可依，难道不是失礼吗？季孙与你，同是奔丧，所作所为，为何竟如此不同？”几句话下来，成淹已经化被动为主动。

裴昭明说：“我们两国友好相处多年，双方应平等相待。齐高帝驾崩，魏国派使者李彪前来吊唁时，也未穿吊丧素服。”成淹当即反驳道：“李彪吊唁之时随身携带着丧服，而齐朝君臣都身着朱色鲜艳朝服。李彪身为远来使者，怎好独自一人身着素服，跻身于衣冠华丽的群臣之中呢？而且同为治丧，两朝的表现却如此迥异，又怎好放在一起比较？”

裴昭明有些不以为然：“三皇不同礼，不好说谁对谁错吧？”成淹反击道：“依你而言，难道虞舜、商王武丁于礼不当？”裴昭明不知道如何回话，只得尴尬地笑道：“孝与不孝，孔子自有说法，我等岂敢妄言？此次前来没有带丧服，还请主人家为我们裁制丧服，让我们可以履行使命。但是今天我们为贵国所逼，有负君命，等回到南地时肯定会因此受罚。”成淹回应道：“如果齐朝有君子之风的话，应当重赏于你。齐朝也有南史、董狐一样的史官，对这件事情肯定会秉笔直书的。”

【点评】

在双方对峙时，若想化解僵局，转守为攻，秘诀之一就在于机智地抓住对方的弱点和话语中的漏洞，予以痛击，使对方被击中要害无力反击。与人辩驳时，如果不好直接指出对方的不是，就可以把对方与他人进行对比，起到讽刺对方的作用，如成淹问裴昭明：“季孙与你，同是奔丧，所作所为，为何竟如此不同？”这样的问话立即让裴昭明无地自容。

【原典】

太和中，文明太后崩，萧赜遣其散骑常侍裴昭明、散骑侍郎谢竣等来吊，欲以朝服行事。主客执之，云："吊有常式，何得以朱衣入山庭！"昭明等言："本奉朝命，不容改易。"如此者数四，执志不移。高祖敕尚书李冲，令选一学识者更与论执，冲奏遣淹。

昭明言："未解魏朝不听朝服行礼，义出何典？"淹言："吉凶不同，礼有成数；玄冠不吊，童孺共闻。昔季孙将行，请遭丧之礼，千载之下，犹共称之。卿远自江南奉慰，不能式遵成事，方谓议出何典，行人得失，何其异哉！"昭明言："二国交和既久，南北皆须准望。齐高帝崩，魏遣李彪通吊，于时初不素服，齐朝亦不以为疑，那得苦见要逼。"淹言："彪通吊之日，朝命以吊服自随，而彼不遵高宗追远之慕，乃逾月即吉。彪行吊之时，齐之君臣皆已鸣玉盈庭，貂珰曜日，百僚内外，朱服焕然，彪行人不被主人之命，复何容独以素服间衣冠之中？来责虽高，未敢闻命。我皇帝仁孝之性，侔于有虞，处谅暗以来，百官听于冢宰，卿岂得以此方彼也？"昭明乃摇膝而言："三皇不同礼，亦安知得失所归。"淹言："若如来谈，卿以虞舜、高宗为非也？"昭明遂相顾而笑曰："非孝者，宣尼有成责，行人亦弗敢言。希主人裁以吊服，使人唯赍裤褶，比既戎服不可以吊，幸借缁衣帽，以申国命。今为魏朝所逼，违负指授，还南之日，必得罪本朝。"淹言："彼有君子也，卿将命折中，还南之日，应有高赏；若无君子也，但令有光国之誉，虽复非理见罪，亦复何嫌？南史、董狐，自当直笔。"

（选自《魏书·成淹传》）

五十之年，久逾其半

——化实为虚，巧借典故

王融二十七岁时，齐武帝萧赜认为他能言善辩，就让他兼任主客之职，负责接待他国来往的使臣。这一年，北魏派房景高、宋弁为使节来到南齐，他们见接待自己的官员如此年轻，感到十分好奇。宋弁便直接问王融："王主客今年多大了？"

王融想了想，如果照实回答，必然会遭到对方的小看；如果夸张地说，又不符合事实。于是便答道："五十之年，久逾其半。"王融的回答非常巧妙，"五十之年"为虚，听起来让人不会觉得年少稚嫩；"久逾其半"为实，其中暗含了他的实际年龄。这一虚实结合的回答，大大出乎了北魏使臣的意料。

双方寒暄一番后，王融谈起了正事："我奉尊上之命，有一事相问。你们国家的西部和北部有广阔的牧场，那里有许多骏马。如今，你们给我们献来的马匹号称良骥，实际上却连劣马老马都不如。你们与我朝信誓旦旦地讲和，岂能不讲信义，难道是不想送来真正的千里马吗？"

北魏送给南齐的确实是一些劣等马。作为北魏有名的外交使臣，宋弁非常机智，只见他辩解说：“请主客不要给我们戴上虚伪的帽子，我们送来的的确是好马，只是这些马不习惯你们的水土，才变成这个样子。”

王融反驳道：“想当初，周穆王的马，足迹遍布天下。如果千里马的天性会因地域而发生改变，那么为什么没有听说过周穆王在别的什么地方马倒车翻呢？”

宋弁问道：“王主客为何要如此急切地追求千里马呢？”

王融说：“贵国既有优等马和劣等马的区别，我们就要寻求优等的。如果能有千里马送来，我们圣上就用千里马去拉鼓车。”

宋弁笑道：“根据你们从前的需要，一定不会用它来拉鼓车啊。”

王融回答道：“我们之所以这样做，也是出于和郭隗用千金买死马之骨相同的原因啊。”这是一个典故，说的是战国时郭隗给燕昭王讲了一个故事：有一个人带着千金去买千里马，到了卖马的地方，发现千里马已经死去了，便花了五百金把千里马的尸骨买了回来。别人不解地问他为何要花重金买死马之骨，那个人说：“死马我都愿意花钱去买，更何况活马呢？”人们见他买马心诚，不到一年，就有人将真正的千里马卖给他。

宋弁见王融回答得如此巧妙，一时说不上话来。

【人物小传】

王融（467—493），字元长，南朝齐文学家，“竟陵八友”之一，东晋宰相王导的六世孙。他自幼聪慧过人，富有文才，年少时即举秀才，入竟陵王萧子良幕，极受赏识。齐武帝时，王融曾上书求自试，后迁至秘书丞，官至中书郎。齐武帝死后，萧子良和郁林王萧昭业争夺帝位，王融想拥举萧子良即位，事未成，不久下狱而死。

【点评】

在把握不好对方提问的动机时，可以采用化实为虚、虚实结合的说话方式，让对方感到模棱两可、捉摸不透。王融在回答宋弁关于年龄的问题时，就用“五十之年，久逾其半”巧妙回应，既回答了他的问题，又不会显得自己年轻而被对方轻视。

宋弁也是外交家中的佼佼者，被问到为何不以好马相送时，本来他这一方不占理，他却以不习水土回击对方，言外之意是对方不识货。可是王融回击得更漂亮，他用“买死马之骨”的典故，表达了自己国君渴求人才的愿望，从而变被动为主动。

【原典】

上以融才辩，十一年，使兼主客，接虏使房景高、宋弁。弁见融年少，问主客年几？融曰：“五十之年，久逾其半。”……上以虏献马不称，使融问曰：“秦西冀北，实多骏骥，而魏主所献良马，乃驽骀之不若。求名检事，殊为未孚。将旦旦信誓，有时而爽，駉駉之牧，不能复嗣？”宋弁曰：“不容虚伪之名，当是不习土地。”融曰：“周穆马迹遍于天下，若骐骥之性，因地而迁，则造父之策，有时而踬。”弁曰：“王主客何为勤勤于千里？”融曰：“卿国既异其优劣，聊复相访。若千里日至，圣上当驾鼓车。”弁曰：“向意既须，必不能驾鼓车也。”融曰：“买死马之骨，亦以郭隗之故。”弁不能答。

（选自《南齐书·王融传》）

不救王玄谟，您的虚实也会暴露

——一语破的，点明利害

荆州刺史南郡王刘义宣、江州刺史臧质等起兵谋反，王玄谟受命讨伐，结果在江陵被叛军围困了。

王玄谟派手下垣护之向抚军将军柳元景告急说："西城已经失守，只剩下东城的一万人。现在叛军的兵力是我们的好几倍，敌强我弱，我打算退回姑孰防守，在您的指挥下和您齐心协力一同抵抗敌人的进攻，然后再商议下一步该怎么办。"

柳元景听后却不

答应，他对垣护之说：“叛军现在士气正盛，我们绝不可以先行后退。我会披上铠甲，率全军与敌人对决，到时候再和你们会合。”

垣护之知道自己的军队坚持不住，柳元景这话无疑是在推脱，于是说：“叛军还以为我们有三万大军，可事实上，将军您手下现在只剩下三万大军的十分之一，假如直接到敌军营前进攻，您内部兵力的虚实情况就会全部暴露出来。到时候，王玄谟不但不能退下来，您还可能被围困歼灭，不如分几路前去救援。”

柳元景听了垣护之的话，觉得确实如此，于是留下一些老弱病残的士卒守卫大营，派精锐兵力前去帮王玄谟解围。

【点评】

所谓“事不关己，高高挂起”，很多时候，人们之所以不肯出力，是因为这件事与他无关。因此，想要劝说别人帮忙，最好的方式就是让他知道这件事与他有关。

柳元景最初想要直接与敌人对决，本意是想牺牲王玄谟，让他和叛军杀得两败俱伤。但在垣护之看来，如果王玄谟战败，柳元景的虚实也会被敌人窥见，最后他也倒霉。这样一来，柳元景明白王玄谟的生死存亡也关系到自己的安危，自然就去援救王玄谟了。

【原典】

王玄谟使垣护之告急于柳元景曰：“西城不守，唯余东城万人。贼军数倍，强弱不敌。欲退还姑孰，就节下协力当之，更议进取。”元景不许，曰：“贼势方盛，不可先退，吾当卷甲赴之。”护之曰：“贼谓南州用三万人，而将军麾下裁十分之一，若往造贼垒，则虚实露矣。王豫州必不可来，不如分兵援之。”元景曰：“善！”乃留羸弱自守，悉遣精兵助玄谟，多张旗帜。梁山望之如数万人，皆以为建康兵悉至，众心乃安。

（选自《资治通鉴·宋纪十》）

既有千丈寒松，又有春花怒放，有何不可

——以喻对喻，有的放矢

北朝齐有个人叫席毗，他为人清廉能干，官至行台尚书，但很看不起文学之士。

有一天，他嘲笑黄门侍郎刘逖道："你们这些文学之士写的文章就像那朝生夕死的朝菌一样，仅供片刻观赏，很快就在这世上消失了。可见，你们绝不是什么栋梁之材。你们怎么能比得上我们这些人呢？我们就像那千丈松树，尽管长年累月经受风霜，但始终不

会凋零。”

刘逖从容回答道：“假如这世上既有那高耸入云的千丈寒松，又有那鲜艳灿烂的春花，您以为如何呢？”

席毗听了，无言以对，只好笑着说道：“这倒是可以的。”

【点评】

席毗凭着自己的高官权势，盛气凌人地指责刘逖等文学之士只会舞文弄墨，没有真才实学。他把自己这类人比为千丈松树，把文学之士的文章比为朝菌。刘逖没有否定松树的伟岸，而是谦恭地以比喻对比喻，说世上既有寒木，为什么不能有春天的花朵呢？可见刘逖思路敏捷，说话有的放矢，一语中的。

【原典】

齐世有席毗者，清干之士，官至行台尚书。嗤鄙文学，嘲刘逖云：“君辈辞藻，譬若荣华，须臾之玩，非宏才也；岂比吾徒千丈松树，常有风霜，不可凋悴矣！”

刘应之曰：“既有寒木，又发春华，何如也？”

席笑曰：“可哉！”

（选自《颜氏家训·文章》）

上次说的张柬之，陛下还没任用他

——直言不讳，坚持己见

早些时候，武则天曾经问狄仁杰说："我想要一个有才能德行的人为我做事，你有人选吗？"

狄仁杰问道："不知道陛下想让他担任什么职责？"

武则天说："我想要他担任宰相。"

面对武则天的信任，狄仁杰毫不避忌地答道："我猜想陛下若是想要文笔好、资历够的循吏，那么今天的李峤、苏味道两人就足够了。很显然，陛下想要的不是只会执行命令的文臣，而是能处理国家大事的人，让他承担政务，辅佐君王，对吧？"

武则天高兴地说："这正是我心中所想的。"

狄仁杰说："荆州长史张柬之虽然年逾耳顺，但真是具有宰相的才干。况且他一直困在中下层，如果陛下任用他，他肯定会为国家尽忠效力。"

武则天听从了狄仁杰的建议，任命张柬之为洛州司马。

过了一段时间，武则天再次求取贤才。

狄仁杰说："我上次说的张柬之，陛下还没有任用他啊，为

什么再次求贤呢？”

武则天说：“已经升他的官职了啊。”

狄仁杰振振有词：“我上次是向陛下推荐宰相。现在让他做洛州司马，这难道是任用吗？”

武则天再次下诏，提拔张柬之为刑部侍郎。再后来张柬之就成了宰相，协助武则天处理朝政大事。

【人物小传】

狄仁杰（630—700），字怀英，唐代武周时期政治家。狄仁杰出身低微，在地方上历练多年，每到一任，都有好名声传扬，最终受到武则天的赏识，得以升任宰相。他为人正直，疾恶如仇，身居宰相之位后，辅国安邦，政绩卓著。

【点评】

人事任命大权，一向都是君王的禁脔，大臣偶尔提出意见是立下功劳，如果总是提出合适的人选就是埋下祸患。狄仁杰直言不讳、坚持己见的做法，既得到了武则天对他的信任，也让人才尽其用。

【原典】

初，则天尝问仁杰曰：“朕要一好汉任使，有乎？”仁杰曰：“陛下作何任使？”则天曰：“朕欲待以将相。”对曰：“臣料陛下若求文章资历，则今之宰臣李峤、苏味道亦足为文吏矣。岂非文士龌龊，思得奇才用之，以成天下之务者乎？”则天悦曰：“此朕心也。”仁杰曰：“荆州长史张柬之，其人虽老，真宰相才也。且久不遇，若用之，必尽节于国家矣。”则天乃召拜洛州司马。他日，又求贤。仁杰曰：“臣前言张柬之，犹未用也。”则天曰：“已迁之矣。”对曰：“臣荐之为相，今为洛州司马，非用之也。”又迁为秋官侍郎，后竟召为相。柬之果能兴复中宗，盖仁杰之推荐也。

（选自《旧唐书·狄仁杰传》）

用笔的方法，全在于用心

——以笔喻人，一语双关

唐穆宗即位，柳公权进宫奏事。唐穆宗召见了他，对他说：“我曾在佛寺中看到你的笔迹，很久以前就想见你了。”

当天唐穆宗就升任柳公权为右拾遗，主要职责就是为皇帝查缺补漏，不久又补翰林学士，后又升为右补阙、司封员外郎。

唐穆宗为人荒淫，行政乖僻，他曾向柳公权讨教书法技巧，问怎样用笔才能尽善尽美。

柳公权郑重地回答说：“用笔的方法，全在于用心，诚心正意，那么笔法肯定可以尽善尽美。”

唐穆宗面带愧色，知道柳公权这是借用如何学习笔法来劝谏他。

【人物小传】

柳公权（778—865），字诚悬，唐代著名政治家、书法家、诗人。柳公权出身望族，29 岁进士及第，先后侍奉多位君王，以正直能言著称。柳公权的书法初学王羲之，后来遍观唐代名家书法，自创独树一帜的“柳体”。柳体以骨力劲健见长，和颜真卿的颜体并称“颜筋柳骨”。

【点评】

柳公权为人耿直，不畏权势。他借用书法运笔的道理，讽喻劝谏唐穆宗，一语双关，令唐穆宗脸色为之一变，留下了笔谏的佳话。

【原典】

穆宗即位，入奏事，帝召见，谓公权曰：“我于佛寺见卿笔迹，思之久矣。”即日拜右拾遗，充翰林侍书学士，迁右补阙、司封员外郎。穆宗政僻，尝问公权笔何尽善，对曰：“用笔在心，心正则笔正。”上改容，知其笔谏也。

（选自《旧唐书·柳公权传》）

与其臣服叛军，不如臣服朝廷

——切中要害，权衡利弊

唐德宗建中四年，李抱真派遣参谋贾林到王武俊军中诈降。贾林见到王武俊后说：“我来此是奉诏规劝您，并不是来投降的。”王武俊听后有些不高兴。

贾林说：“当今天子深知您忠义为国，在我临行前还对我说：‘朕先前处事有误，追悔莫及。朋友间有了误会尚可道歉，朕是四海之主，臣子的一点儿小事怎能耿耿于怀呢！’”

王武俊说：“我虽然是个胡人，但也懂得安抚百姓，天子当然更不会用杀人来安定天下。如今山东有五支叛军，等到战胜他们时，百姓全部暴尸荒野了，即使战胜了又让谁来守卫呢？我很想归顺朝廷，但已经和各诸侯结盟了，我们胡人性直，不愿做理亏的事。如果朝廷下旨赦免各诸侯的罪行，我一定带头归顺，诸侯有不听命的，我肯定以言辞相劝，这样上不负天子，下不负朋友。”

贾林说：“您是冀州豪族，不应图谋占据中原。朱滔心地阴险，朝廷强大他就借您的力量为后援，朝廷势力弱他就想吞并您。况且，河北之地自古只有赵国、魏国和燕国，从来没有冀国。现在朱滔自称冀王，这明显是在窥伺您的冀州。如果朱滔控制山东，您就必须向他称臣，若不顺从，一定会被他讨伐，到时您还能向他称臣吗？”

王武俊大怒，说道：“大唐有二百年国运，我尚且不能称臣，又怎能臣服于他这个乡下佬！”于是决定与李抱真、马燧结盟。

【点评】

“两害相权取其轻”，这是每个人都懂得的道理，以此诱导人自己做出选择，往往会收到奇效。王武俊势力不强，却是朝廷安抚的对象。他要么臣服朝廷，要么臣服叛军。贾林只需要让王武俊认识到臣服叛军会带来多么严重的后果，他自然就能做出选择了。

【原典】

六月，李抱真使辩客贾林诈降武俊。林至武俊壁曰：“是来传诏，非降也。”武俊色动，征其说。林曰：“天子知大夫宿诚，及登坛建国之日，抚膺顾左右曰：‘我本忠义，天子不省。’是后诸军曾同表论列大夫。天子览表动容，语使者曰：‘朕前事误，追无及已。朋友间失意尚可谢，朕四海主，毫芒安可复念哉！’”武俊曰：“仆虏将，尚知存抚百姓，天子固不专务杀人以安天下。今山东大兵者五，比战胜，骨尽暴野，虽胜与谁守？今不惮归国，以与诸侯盟约，虏性直，不欲曲在己。朝廷能降恩涤荡之，仆首倡归国，不从者，于以奉辞，则上不负天子，下不负朋友。此谋既行，河朔不五旬可定。”

……贾林复说武俊曰：“大夫冀邦豪族，不合谋据中华。且滔心幽险，王室强即藉大夫援之，卑即思有并吞。且河朔无冀国，唯赵、魏、燕耳！今朱滔称冀，则窥大夫冀州，其兆已形矣。若滔力制山东，大夫须整臣礼；不从，即为所攻夺，此时臣滔乎？”武俊投袂作色曰：“二百年宗社，我尚不能臣，谁能臣田舍汉！”由此计定，遂南修好抱真，西连盟马燧。

（选自《旧唐书·王武俊传》）

臣有些愚笨，还算正直

——巧用比喻，设置对比

唐高祖李渊接见隋朝降臣豆卢行褒与苏世长。高祖对他们两个人态度截然不同，他下令当场处死了豆卢行褒，苏世长站在一边低手垂目，惴惴不安地等着自己的结局。

这时候，唐高祖深深叹了口气，指责道：“你现在才来归顺大唐，不觉得太迟了吗？”苏世长暗自揣摩了一下高祖的语气，他觉得高祖虽语含责备之意，却没有大动肝火。于是，他镇定地行了一个大礼，回答说：“自古帝王登基，被喻为擒鹿。隋朝失去了鹿，天下豪杰共同追逐。现在陛下您捕获了鹿，其他人便放手了，您又何必愤恨其他捕鹿之人，追究他们和您争夺鹿肉的罪过呢？”唐高祖听后，笑了笑，没有继续责怪苏世长，还封他做了玉山屯监。

一次，唐高祖在玄武门接见了苏世长，他语含讥讽地问世长道：“你觉得自己是正直之人吗？”

苏世长正色回答说：“臣有些愚笨，还算正直。”

唐高祖又调侃说：“既然你是正直之人，为什么背叛王世充而归顺我呢？”

苏世长面不改色地回答：“王世充被陛下打败，天下平定，我也智穷力尽，无所归依，才归顺陛下。要是王世充还占据一方，我自然还是驻守我的地盘。”

唐高祖闻言大笑不止：“为何你名叫‘长’意却短，口称正而心很邪呢？”

苏世长仍然严肃地说：“陛下说得没错，臣确实名长意短，但绝不是口正心邪之人。以前窦融领河西归顺汉朝，被赐十世为侯，如今我献城来降，只是一个屯监罢了。”

唐高祖听了苏世长这些话并未气恼，反而立刻封他做谏议大夫。

【点评】

苏世长的妙答运用了比喻和对比等手法。作为一个降臣，面对唐高祖的讥讽，苏世长却应答自如，敢于直言。在他刚刚归顺，生命攸关之际，他用“擒鹿”来设喻，既讲分寸，也有道理，得以保全性命。后来他又将自己和窦融归顺朝廷后受到的待遇进行对比，说明李渊对自己并未重用，反倒得到了更高的官职。

【原典】

洛阳平，始与弘烈归，帝诛褒而诮世长，顿首谢曰："古帝王受命，以比逐鹿，一人得禽，万夫敛手。岂有获鹿后忿同猎者，问争肉罪邪？今陛下应天顺民，安可忘管仲、雍齿事？且武功旧人，乱离以来，死亡略尽，唯臣得见太平。若杀之，是绝其类。"帝笑释之。授玉山屯监。

引见玄武门，与语平生，调之曰："卿自谓佞邪，直邪？"对曰："愚且直。"帝曰："若直者，何为背贼归我？"对曰："洛阳平，天下为一，臣智穷力屈，乃归陛下。使世充不死，臣据汉南，尚为勍敌。"帝大笑，嘲曰："何名长而意之短，口正而心之邪？"世长曰："名长意短，诚如圣旨。口正心邪，不敢奉诏。昔窦融以河西降汉，十世侯之；臣举山南以归，唯蒙屯监。"帝悦，拜谏议大夫。

（选自《新唐书·苏世长传》）

双陆不能获胜，是因为没有子

——由此及彼，以小见大

武则天末年，朝廷内政治斗争日益激烈，特别是在立储问题上，你死我活的争斗此起彼伏，以致大臣们都不敢随意发表意见。

一次，武则天召集大臣们为自己解梦：“我多次梦到玩双陆棋，但总是不能获胜，这是什么征兆呢？”

狄仁杰和王方庆两人互相看了看，异口同声地回答：“双陆不能获胜，是因为没有子啊。这是上天通过梦对陛下进行示警。对天下来说，太子是根本。这个根本一旦动摇，天下就很危险。太宗亲自上阵作战、辛勤理政而得到天下，传给子孙。先帝病重，下诏让陛下监国。陛下自立为帝已经十多年了，现在又想立武三思为储君。况且姑侄和母子谁更亲呢？陛下传位庐陵王李显是将皇位传给了自己的亲生儿子，陛下千秋之后子孙定当香火供奉啊。立武三思的话，恐怕宗庙不会祭祀您这个姑姑了吧！”武则天明白了这个道理，就派人秘密召见庐陵王李显进京。

李显进京后，武则天将李显藏于帐中，然后秘密召见狄仁杰讨论庐陵王的事情。狄仁杰多次请求立李显为储君，陈请激切，泪流不止。

武则天这才让李显出来，说：“将太子还给你！”

狄仁杰跪于地上叩拜说：“太子回来，还没有公开消息，人心惶惶，议论纷纷，怎样才能让百官百姓知道消息呢？”

已经做到这一步了，武则天干脆下令大张旗鼓地宣扬李显为储的消息，天下也由此安定了下来。

【人物小传】

武则天（624—705），后改名曌，中国古代历史上唯一一位正统女皇帝。武则天原为唐太宗的才人，唐高宗继位后，成为嫔妃、皇后。唐高宗软弱，因此武则天得以以皇后的身份把持朝政，和唐高宗李治并称“二圣”。唐高宗去世后，独揽朝政的武则天铲除一切政治对手，自立为帝，改国号为“周”。武则天在位期间，继续实行以往的政治策略，大力提拔下层人才，打压宗室。武则天去世后，唐王室复辟，并且承认武则天的统治为正统。

【点评】

解梦是古代政治生活中常见的桥段。事实上，对君王来说，能够说出有明确指向意味的梦，就是已经有了确定的意见，只不过需要借助臣子的口，来规避另一方的政治压力。狄仁杰和王方庆借解梦这件小事引申到立储一事，回应了君王的隐晦意见。另外，两人站在武则天的角度，通过谈论“祭祀”来劝武则天立李显为太子，既是政治智慧的彰显，也体现出高超的说话技巧。

【原典】

久之，召谓曰：“朕数梦双陆不胜，何也？”于是，仁杰与王方庆俱在，二人同辞对曰：“双陆不胜，无子也。天其意者以儆陛下乎！且太子，天下本，本一摇，天下危矣。文皇帝身蹈锋镝，勤劳而有天下，传之子孙。先帝寝疾，诏陛下监国。陛下掩神器而取之，十有余年，又欲以三思为后。且姑侄与母子孰亲？陛下立庐陵王，则千秋万岁后常享宗庙；三思立，庙不祔姑。”后感悟，即日遣徐彦伯迎庐陵王于房州。王至，后匿王帐中，召见仁杰语庐陵事。仁杰敷请切至，涕下不能止。后乃使王出，曰：“还尔太子！”仁杰降拜顿首，曰：“太子归，未有知者，人言纷纷，何所信？”后然之。更令太子舍龙门。具礼迎还，中外大悦。

——《新唐书·狄仁杰传》

不应该答应李师道的请求

——纲举目张，要言不烦

李师道献上个人积蓄六百万，为魏征的孙子赎买祖宅。白居易听说此事后，上奏道：“魏征担任宰相时，太宗用皇宫大殿的木料修建成府第赐给他，子孙无用，以至于卖掉了祖宅。陛下如果认为他们是贤臣子孙，想要加以优待，就应该赎买后还赐给他们。李师道是人臣，不应施恩于名臣子孙，陛下不应该答应李师道的请求。”唐宪宗采纳了他的建议。

【人物小传】

白居易（772—846），字乐天，号香山居士，唐代著名诗人。白居易的诗歌题材广泛，形式多样，语言平易通俗。在政治上，白居易也颇有建树，以擅长安抚百姓、劝谏君王闻名。不过白居易属于中唐时期的革新派，所以受到宦官和守旧势力的打压，一生多次遭贬。

【点评】

白居易的谏言只有寥寥数语，却能切中时弊，纲举目张，抓住关键，因而成功说服了唐宪宗。

【原典】

李师道上私钱六百万，为魏征孙赎故第，居易言：“征任宰相，太宗用殿材成其正寝，后嗣不能守，陛下犹宜以贤者子孙赎而赐之。师道人臣，不宜掠美。”帝从之。

（选自《新唐书·白居易传》）

希望您深思熟虑，那便是天下大幸

——委婉含蓄，用词谨慎

冯道年少时，性情纯朴厚道，好学能文，不以衣食粗陋为耻，除奉养父母外，一心读书学习。后来，张承业举荐他做了霸府从事，不久又授予他太原掌书记一职。当时，李存勖占据河北，文牍事务全部由冯道掌管。

后来，李存勖的军队与梁军隔黄河相对峙。一天，考虑到将领侍从过多，饭食供应不及，郭崇韬就请求稍微减少人员。

李存勖发怒说："我想给那些为我效力的人管几顿饭，都做不得主。那么，就请河北三镇的三军另外选择一人任主帅，我就回太原，来为贤者让路。"随即命冯道当面草拟文书向部下宣告。

冯道持笔很久，李存勖神色严肃地催促他，他才缓缓起身答道："我的职责就是掌管笔墨文书，岂敢不奉命从事。如今您屡建大功，刚刚平定南方寇乱。郭崇韬的建议未必失当，拒绝他也可以，却不可用刚才那番话挑起众议。敌人若是得知，便会说您这里君臣不和了。希望您深思熟虑，那便是天下的大幸。”

不久，郭崇韬进来向李存勖道歉，冯道从中转圜，李存勖最终原谅了郭崇韬。人们从此敬重冯道的胆量。

【人物小传】

李存勖（885—926），唐末晋王李克用之子，袭父位为河东节度使、晋王。先后击败后梁、契丹，吞并河北、河中。同光元年四月在魏州称帝，定国号为唐，史称后唐，并于同年灭后梁，尽取河南、山东等地，定都洛阳。

【点评】

冯道善于辞令，他的劝谏委婉含蓄，用词谨慎。他先道明自己的职责，以此表明自己并不是要抗拒李存勖的命令；再称赞李存勖的功绩，舒缓李存勖的情绪；然后提醒李存勖，可以不听从郭崇韬的建议，但如果挑起众议而被敌人找到可乘之机的话，那就麻烦大了；最后提出希望李存勖深思熟虑的建议。如此循序渐进，可以令听者更容易接受自己的谏言。

【原典】

冯道，字可道，瀛州景城人。其先为农为儒，不恒其业。道少纯厚，好学能文，不耻恶衣食，负米奉亲之外，惟以披诵吟讽为事，虽大雪拥户，凝尘满席，湛如也。……监军使张承业辟为本院巡官。……承业寻荐为霸府从事，俄署太原掌书记，时庄宗并有河北，文翰甚繁，一以委之。

庄宗与梁军夹河对垒，一日，郭崇韬以诸校伴食数多，主者不办，请少罢减。

庄宗怒曰："孤为效命者设食都不自由，其河北三镇，令三军别择一人为帅，孤请归太原以避贤路。"遽命道对面草词，将示其众。

道执笔久之，庄宗正色促焉，道徐起对曰："道所掌笔砚，敢不供职。今大王屡集大功，方平南寇，崇韬所谏，未至过当，阻拒之则可，不可以向来之言，喧动群议，敌人若知，谓大王君臣之不和矣。幸熟而思之，则天下幸甚也。"俄而崇韬入谢，因道为之解焉，人始重其胆量。

（选自《旧五代史·冯道传》）

日后兵连祸结，对你们国家也没有什么好处吧

——义正词严，立场鲜明

契丹侵犯河北，宋真宗对将要出使契丹的曹利用说："契丹人南下入侵，不是为夺取土地就是为求取财物。关南这个地方归我们所有已经很长时间了，不能割让给契丹。我们大可效仿汉代，用玉帛把他们打发走。"曹利用非常痛恨契丹，听罢对宋真宗说："他们如果有所贪求，我绝不敢活着回来！"

曹利用到契丹后，契丹首领耶律隆绪的

母亲招待了他，并对他说道："后晋曾经为了感谢我们，把关南土地送给我们，但是后来这些土地又被周世宗夺走，现在应该还回来了。"曹利用说："后晋送地，后周夺地，这些事情我们大宋通通不知道。你们若向我们索求金银玉帛来补助军费，我们皇帝都有可能不答应。至于割让关南土地一事，我更不敢禀报给我们皇帝了。"

这时，契丹政事舍人高正始上前说道："我们前来就是为了收复我们的土地，如果仅仅得到一些财物，那就是愧对我国百姓。"曹利用回击道："请你好好为契丹考虑考虑吧！如果契丹执意要求割地，日后一定会兵连祸结。人民得不到休养生息，对你们国家也没有什么好处吧！"契丹人见曹利用坚决不愿屈服，只好答应曹利用的提议，签下了和议。

【人物小传】

曹利用（？—1029），字用之，北宋大臣。景德元年，契丹向南发起进攻，宋真宗赵恒亲自率兵征战，驻扎在澶州。曹利用到契丹的兵营议和，其间他勇敢地拒绝了契丹割地的要求，与契丹达成和议，史称"澶渊之盟"。

【点评】

和议，其实是"议而不和"，谈判双方都是站在自己这一方思考问题，争取利益最大化。这就需要谈判者坚定立场，牢记谈判的目的。故事中，曹利用的表现就充分地体现了这一点。在谈判过程中，他直接拒绝了对方的提议，立场非常鲜明，而且气势逼人，义正词严，最终迫使契丹人签下和议。

【原典】

景德元年，契丹寇河北。……帝语利用曰："契丹南来，不求地则邀赂尔。关南地归中国已久，不可许；汉以玉帛赐单于，有故事。"利用愤契丹，色不平，对曰："彼若妄有所求，臣不敢生还。"帝壮其言。

利用驰至军中，耶律隆绪母见利用车上，车轭设横板，布食器，召与饮食，其从臣重行坐。饮食毕，果议关南地，利用拒之。遣其臣韩杞来报命，利用再使契丹。契丹母曰："晋德我，畀我关南地。周世宗取之，今宜还我。"利用曰："晋人以地畀契丹，周人取之，我朝不知也。若岁求金帛以佐军，尚不知帝意可否，割地之请，利用不敢以闻。"

其政事舍人高正始遽前曰："我引众以来，图复故地。若止得金帛归，则愧吾国人矣。"利用曰："子盍为契丹熟计，使契丹用子言，恐连兵结衅，不得而息，非国利也。"契丹度不可屈，和议遂定。利用奉约书以归。

（选自《宋史·曹利用传》）

是你们不遵守之前的承诺

——证据在手，毫不退让

辽国的萧禧来争要河东黄嵬一带的土地，他一直住在宾馆不愿意离开，还向外界宣称道：“我一定要得到土地才会回去。”

于是，宋神宗派沈括前去和他谈判。

接到宋神宗的旨意后，沈括到枢密院翻看以前的档案文件，查找到近年来商定边境的文件，文件上明确地指出以古长城为边界，但是现在他们所争的地方与长城相距三十里远，沈括于是将这件事告诉了宋神宗。宋神宗听后非常高兴，对沈括说道：

“其他大臣压根不去探究这件事的原委，差一点就误了大事。”随后，宋神宗命人把画出的地图拿给萧禧看，萧禧看后自知理亏，也就不再说什么了。因为沈括这件事办得漂亮，宋神宗就赏赐他一千两白金，让他出使辽国。

沈括到了契丹宫廷后，契丹宰相杨益戒来同他面议。来之前沈括早有准备，他让身边的办事人员熟练地背下找到的数十份关于争论边界问题的文件，这样，无论杨益戒提出什么问题，沈括带去的办事人员都能予以回答。杨益戒被逼得没办法，就生气地对沈括说道：“你们连几里的地方也不愿意给我们，难道是想断绝两国之间的友谊吗？”沈括回答说：“军队作战，理直士气就旺盛，理屈士气就衰退。如今你们不遵守之前的承诺，用暴力去役使百姓，这对我们宋朝而言也没有什么不利。”沈括前前后后和他们谈判了六次，最终使辽国放弃了索要黄嵬地区的意图。

【人物小传】

沈括（1031—1095），字存中，北宋官员、科学家。他从小就非常聪明，读书很多，而且喜欢思考问题，能够向各行各业的能人学习。沈括在物理学、数学、天文学、地理学、生物学等方面都有重要的成就和贡献，著有《梦溪笔谈》。在宋神宗时期，沈括曾经参与王安石变法的活动。

【点评】

契丹不信守之前与宋朝签订的合约，想要占有河东黄嵬一带的土地。宋朝如果妥协，就会丧失土地。沈括找到之前商定边境的文件，以此维护了国家的利益。在谈判过程中，沈括始终以不变应万变，他立场坚定，言语不多但有理有据，最终令对方放弃了索要黄嵬地区的意图。

【原典】

辽萧禧来理河东黄嵬地，留馆不肯辞，曰："必得请而后反。"帝遣括往聘。括诣枢密院阅故牍，得顷岁所议疆地书，指古长城为境，今所争盖三十里远，表论之。帝以休日开天章阁召对，喜曰："大臣殊不究本末，几误国事。"命以画图示禧，禧议始屈。赐括白金千两使行。至契丹庭，契丹相杨益戒来就议，括得地讼之籍数十，预使吏士诵之，益戒有所问，则顾吏举以答。他日复问，亦如之。益戒无以应，谩曰："数里之地不忍，而轻绝好乎？"括曰："师直为壮，曲为老。今北朝弃先君之大信，以威用其民，非我朝之不利也。"凡六会，契丹知不可夺，遂舍黄嵬而以天池请。

（选自《宋史·沈括传》）

如果不是陛下有孝德，怎么可以坐在这上面呢

——抓住主题，直言进谏

宋仁宗无子，死后传位于养子赵曙，是为宋英宗。宋英宗继位后，对亲生父母恪守孝道，而对养母曹太后却十分冷漠，后来几乎连表面礼仪都不愿维持了。曹太后非常痛苦，便对宋仁宗的一些旧臣富弼、胡宿、吴奎等人哭诉。

枢密使富弼当时在上书中说起曹太后的事情，言语非常直接，毫不避讳。上书后，三天都没有回信，于是富弼当面拜见宋英宗，直言不讳地说："仁宗时，按照血缘关系来说，有继承权的人多了。一定要以陛下为养子，就是因为陛下孝顺的名声远扬。现在皇太后对我、胡宿、吴奎说：'我这个寡妇连个说理的地方都没有。'言语凄凉，让人听了眼泪都流下来啊。这难道是仁宗对陛下的期望吗？"

宋英宗听完后沉默了，于是富弼愤怒地举起上朝用的笏板，指着宋英宗的床榻说："如果不是陛下有孝德，怎么可以坐在这上面呢？"

听到这句话，宋英宗弯下身躯，连声说："不敢。"

【人物小传】

富弼（1004—1083），字彦国，北宋名相。富弼早年出使辽国有功，后来和范仲淹一起推行庆历新政。庆历新政失败后，被贬到地方，主持北方边防。宋神宗继位，王安石变法开始后，富弼作为守旧派的中坚，坚决反对变法，被打压后退居洛阳。

【点评】

富弼持身正直，且多有功劳，所以无所畏惧，敢于直言进谏。在进谏中，富弼紧紧抓住“孝”的主题，既具有很强的说服力，又规避了以臣压君的问题，受到宋人的传颂。

【原典】

富公因辞执政例迁官，疏言甚危，三日不报，见英宗，面奏曰：“仁宗之立陛下，皇太后之功也。陛下未报皇太后大功，先录臣之小劳，非仁宗之意也。方仁宗之世，宗属与陛下亲相等者尚多，必以陛下为子者，以陛下孝德彰闻也。今皇太后谓臣与胡宿、吴奎等曰：‘无夫妇人无所告诉。’其言至不忍闻，臣实痛之。岂仁宗之所望于陛下者哉！”以笏指御床曰：“非陛下有孝德，孰可居此？”英宗俯躬曰：“不敢。”

（选自《邵氏闻见录》）

只要有一个败类，那么一个省就会受到祸害了

——有条不紊，从容应对

康熙皇帝想要派满族三品以上的大臣作为各省的巡按巡查。徐立斋当时担任翰林院学士，他当着皇帝的面竭力争辩，认为不可以这么做。

康熙说："明代时也有御史作为各省巡按的，怎么今天就不可以实行呢？"

徐立斋回答说："明代虽然也有巡按，但是担任巡按的御史品级很低，虽然有权弹劾各地督抚大员，但是如果巡按自身有问题，督抚也可以弹劾他。巡按和督抚相互制衡，所以没有什么大的危害。现在如果选派三品以上的高官，他们本身就和督抚品级相等，加上巡按出身满族，督抚哪敢贸然弹劾指责巡按？万一这些巡按中有贪婪的人，横行无忌，那么百姓受到的祸害就不可估量了。"

康熙勃然大怒，说："难道我选择的巡按，没有一个品格端正的好人吗？"

徐立斋跪在地上叩头说："皇上选拔巡按时，肯定是严格

筛选，但是难免百密一疏。况且，人情往往见利忘义。终日在陛下面前，任何一个庸才都会战战兢兢，不敢有丝毫差错，如同敦厚君子一样。而一旦出了京，独自掌握一方权柄，就有可能暴露本性，除非真有操守，否则哪能前后如一？陛下选派的数十位官员，岂能人人都有这样的操守？只要有一个败类，那么一个省就会受到祸害了。”

康熙听后，沉默良久，最后还是采纳了徐立斋的意见。徐立斋争论之时，殿内各位大臣都吓得不敢出声，只有徐立斋和平时一样，面不改色，侃侃而谈。

【人物小传】

爱新觉罗·玄烨（1654—1722），清朝第四位皇帝，清定都北京后的第二位皇帝，年号康熙。康熙在位时间很长，在位期间他致力于弥补满汉之间的差异，同时大力发展文教，采纳谏言，形成清朝稳固的政治制度，奠定了清朝兴盛的根基。

【点评】

在清朝，满汉之分是事实存在的。徐立斋敢于触碰这个问题，还能够说服康熙听从自己的意见，可见他的进谏智慧。

面对康熙的犀利发问，徐立斋有条不紊地一一作答。他先是聪明地点出了朝中的权力平衡问题——这是康熙皇帝真正在意的；随后又提醒康熙：百密难免一疏，只要有一个败类，就会造成极大的危害。徐立斋不慌不忙，从容应对，最后成功地说服了康熙。

【原典】

圣祖欲差满洲三品以上大臣巡按各省，徐立斋相国独力争不可。

上曰："明时故有御史巡按旧例，今何为独不可耶？"立斋曰："明时虽有巡按，然御史秩卑，虽许其参劾督抚，然巡按果有不职，督抚亦得参劾，相维相制，故无大害。今三品以上大员，与督抚爵秩相等，又有满、汉亲疏之见为之先入，督抚岂敢贸然弹劾？倘有贪婪之人，恣行无忌，则百姓之受害，将靡穷矣！"

上勃然作色曰："然则朕所差者，竟无一端人乎？"立斋顿首曰："皇上简任时，自必妙极一时之选，然百密中，难保竟无一疏。且人情往往见利忘义，从前昕夕在上前，且未有地方尺寸柄，虽庸才亦能勉敦行检。一旦衔命出使，移气移体，非真有操守者，固不能始终如一。况所差数十人中，岂能人人皆有操守，使有一人，则一省已受害矣。"

上默然良久，卒罢其议。是时廷臣皆震慑失次，立斋独侃侃如平时。

（选自《清稗类钞·谏诤》）